FRIGGITRICE AD ARIA RICETTARIO DESSERTS

Ricette per Soddisfare tutti i Golosi senza Sentirsi in Colpa!

Giulia Mainardi

senza lo specifico consenso dell'autore o del proprietario dei diritti di copyright.

Qualsiasi violazione di questi termini sarà sanzionata secondo quanto previsto dalla legge.

Disclaimer:

Si prega di notare che il contenuto di questo libro è esclusiva-mente per scopi educativi e di intrattenimento. Ogni misura è stata presa per fornire informazioni accurate, aggiornate e completamente affidabili. Non sono espresse o implicate garanzie di alcun tipo. I lettori riconoscono che il parere dell'autore non è da sostituirsi a quello legale, finanziario, medico o professionale.

Sommario

Friggitrice ad aria, come funziona

Come funziona la friggitrice ad aria?

La friggitrice ad aria calda funziona grazie alla sua speciale camera di cottura. Prima di vedere come funziona una friggitrice ad aria è bene precisare un concetto fondamentale: la frittura non diviene tale grazie all'olio, bensì grazie alle alte temperature che l'olio raggiunge. In altre parole, l'olio diventa un vettore di calore e consente la cottura degli alimenti mediante il raggiungimento di temperature elevate.

In una friggitrice ad aria non serve olio perché il vettore di calore è la stessa aria. L'aria riscaldata viene fatta circolare a una velocità molto elevate in modo da consentire una cottura uniforme simulando il comportamento dell'olio nella frittura classica.

Con le friggitrici convenzionali, bisogna immergere totalmente l'alimento nell'olio bollente oppure avere l'accortezza di girarlo a metà cottura. Nella friggitrice ad aria calda l'alimento è completamente circondato dal vettore di calore e come risultato i cibi divengono croccanti all'esterno e morbidi all'interno.

L'aria calda può essere riscaldata fino a raggiungere temperature intorno ai 200 °C. Dato l'elevata richiesta termica della camera di cottura (il calore che serve a cuocere i cibi), le friggitrici ad aria sono molto energivore: vedono un consumo elettrico compreso tra i 800 e i 2.000 watt.

Il consumo elettrico di questi apparecchi è notevole ma il ritorno economico e salutistico non va sottovalutato. Un ritorno economico è chiaro: si evita l'acquisto di olio necessario per la frittura, si evita, ovviamente, anche l'investimento in termini di gas per riscaldare la padella.

Come scegliere la friggitrice ad aria

In commercio esistono molti modelli con caratteristiche diverse, nella scelta, infatti, non dovremmo lasciarci condizionare solo dal prezzo. I parametri da osservare al momento della scelta della nostra prima friggitrice senza olio, sono:

• Temperatura massima

Assicuratevi che il modello prescelto raggiunga una temperatura di 200 °C.

• Capacità del cestello

Prestate attenzione al giusto dimensionamento! Chi vive da solo o in coppia, potrebbe accontentarsi di un cestello da un litro mentre chi è abituato a organizzare pranzi in famiglia dovrà necessariamente puntare a un modello più capiente.

• Temperatura regolabile

Grazie alla possibilità di regolare la temperatura, con la pratica, potrete imparare a scegliere il grado di "croccantezza" da conferire a ogni pietanza.

• Tempi di riscaldamento

Così come il forno, anche la camera della friggitrice va pre-riscaldata. Le friggitrici più potenti impiegano tempi di pre-riscaldamento di pochi minuti. Scegliete un modello che impiega 3 minuti per essere pronto all'uso.

- Timer

Il timer non è un fattore decisivo, potete sfruttare il timer del forno o la sveglia del vostro cellulare. Tenete presente, però, che molti modelli dispongono di questa funzione, quindi se per voi è una priorità, consideratelo nella scelta.

Cosa valutare nell'acquisto di una friggitrice ad aria? Sicuramente questi aspetti!

La potenza: deve essere almeno di 1500W ma se arriva ai 1800W o 2000W è ancora meglio. In questo modo Chiaramente, il consumo di potenza non è proprio bassissimo ma se pensate che le stesse pietanze le dovreste cuocere in forno (che consuma allo stesso modo ma cuoce nel doppio del tempo e che va preriscaldato) o su un piano ad induzione (per la cottura in padella) o su una piastra elettrica (per grigliare carne, pesce e verdure), vi renderete subito conto del risparmio non solo in termini economici ma anche in termini salutari: meno grassi e meno fritto.

La capienza: ne esistono di diverse dimensioni, più che estetiche ma di capacità del cestello. Le fasce di capienza sono tipicamente

- fino a 2 persone (formato da 800 g o 2,5 l)

- fino a 3 persone (formato da 1,2 kg o 3,5 l)

- per 4 o più persone (formato da 1,4 Kg o 5,5 l)

Nella friggitrice ad aria possono essere utilizzati tutti gli stampi che tipicamente usate per la cottura in forno ma accertatevi sempre della qualità e che siano adatti per la cottura in forno ad alte temperature.

Le dimensioni: accertatevi dello spazio che avete a disposizione perché non è proprio piccina soprattutto avendo il cestello estraibile che dovrebbe appoggiare sul piano. Ricordate anche che emette aria calda per cui sul retro è preferibile non vi siano piani delicati come vetri, legno o simili.

Perché usare una friggitrice ad aria?

Molte persone hanno un rapporto di amore-odio con cibi fritti.

Mentre desiderano che possano cancellare le calorie che ricevono da loro, adorano anche il gusto e lo scricchiolio che ne deriva. Ecco dove entra la friggitrice.

• La friggitrice si distingue dagli elettrodomestici della concorrenza perché offre una versione a basso contenuto di grassi di cibi normalmente malsani come pollo fritto, patatine fritte e anelli di cipolla.

• Come alcuni cibi sani, tendono ad avere un sapore irresistibile dal vero affare, le friggitrici ad aria producono alimenti con un sapore e una sensazione deliziosi in bocca.

- La friggitrice ad aria può essere utilizzata in molti modi per rendere la tua vita frenetica e quotidiana più gestibile.

- Sia che tu voglia friggere, cuocere, grigliare o arrostire gli ingredienti, la friggitrice può fare tutto.

- Può cucinare senza olio friggitrice, preparare più piatti contemporaneamente e le sue parti possono essere facilmente rimosse per la pulizia.

- I compratori amano la varietà di opzioni di cottura della friggitrice ad aria che consente loro di preparare qualsiasi tipo di pasto in qualsiasi momento della giornata.

Le friggitrici d'aria funzionano davvero?

Facile da usare

Accompagnata con una guida passo passo per aiutarti a perfezionare il tuo cibo, la friggitrice è facile da usare e da assemblare.

- Il cestello si adatta perfettamente alla padella, che può quindi essere inserita nell'apparecchio stesso.

- La circolazione di aria calda e il timer rendono la cottura con la friggitrice facile per i professionisti amatoriali e professionisti.

- Una volta che decidi cosa vuoi preparare, metti gli ingredienti nel cestino e imposta il timer.

- Poi l'aria calda va a lavorare; alla fine sentirai un suono dall'indicatore del suono pronto che il tuo cibo è finito.

Non riesci a decidere cosa cucinare? Le friggitrici ad aria sono dotate di un opuscolo della ricetta che ti dà dozzine di idee su cosa preparare con la tua friggitrice.

Con semplici istruzioni e una guida alle ricette, la prima volta che si utilizza una friggitrice deve essere semplice e regolare. Quando hai difficoltà a decidere cosa fare con la tua friggitrice, pensa ai tuoi pasti quotidiani che fai con altri elettrodomestici.

La friggitrice ad aria può essere utilizzata come ricambio per la friggitrice, il piano cottura e il forno. Le friggitrici ad aria sono principalmente utilizzate per:

- Frittura

- per arrosti

- grigliate

- cottura al forno

Le parti a portata di mano che compongono la friggitrice alogena sono ciò che gli permette di friggere, arrostire, cuocere e grigliare; tutto in un unico apparecchio. Ad esempio, una doppia griglia, un rack, un cesto e separatori sono forniti con la friggitrice.

In questo modo è facile spegnere la griglia e inserire le teglie o rimuovere la griglia per friggere gli ingredienti nel cestello.

Modi per usare una friggitrice ad aria

Come indicato dalle recensioni che potresti aver letto, ci sono molti modi per utilizzare una friggitrice ad aria. Molti alimenti per friggitrice possono essere cucinati in vari modi. Ecco alcune idee di cibi che possono essere cucinati in più modi con una friggitrice ad aria:

Una volta che ti sei abituato alla tua friggitrice, puoi provare anche a utilizzare i disidratatori ad aria e la cottura avanzata con le teglie per la cottura ad aria.

Grill in una friggitrice ad aria

La parte migliore di grigliare con la tua friggitrice è che non devi capovolgere continuamente i tuoi ingredienti per un uguale riscaldamento.

• Tutto quello che devi fare è scuotere la padella a metà della sessione di riscaldamento.

• L'aria calda scorre all'interno del dispositivo, riscaldando tutti i lati del cibo.

• La maggior parte delle friggitrici ad aria è dotata di uno strato di griglia o di una griglia che ha una maniglia. In questo modo è facile inserire e rimuovere il cibo dalla friggitrice.

- La superficie della griglia può assorbire rapidamente il grasso in eccesso che gocciola dagli ingredienti, lasciandovi cibi sani, grigliati e perfetti.

Cuocere in una friggitrice ad aria

Cuocere in una friggitrice? È qualcosa che non senti ogni giorno.

Sia che tu voglia fare un buon pasto o cuocere cibi pre-riscaldati, la friggitrice ti permetterà di fare tutto. La cottura con una friggitrice richiede solitamente da 15 minuti e fino a 30 minuti.

Arrosto in una friggitrice ad aria

Troppo occupato per preparare la cena per il tuo appuntamento? Non ti preoccupare Con la tua friggitrice, puoi arrostire le tue carni e verdure per la perfetta cena romantica.

La friggitrice non solo produrrà cibo tostato di qualità, ma arriverà anche il cibo più veloce del 20% rispetto al forno.

Immagina ... Una friggitrice che frigge!

Certo, puoi sempre friggere cibi in una friggitrice ad aria. Questo elettrodomestico darà al tuo cibo lo stesso sapore fresco e appetitoso di una friggitrice.

Nessun olio necessario con una friggitrice ad aria

Nessun olio è necessario quando si preparano alimenti con la vostra friggitrice ad aria.

Anche se molte persone approfittano dell'uso di nessun olio con una friggitrice. Tuttavia, devi mescolare l'olio con i tuoi ingredienti prima di metterli nella friggitrice.

• L'olio non può essere messo nella padella della friggitrice.

• Aggiungendo olio da cucina prima di friggere in aria, aggiungerai uno strato extra croccante al tuo cibo.

• La maggior parte degli oli può essere utilizzata con una friggitrice ad aria. Alcuni oli comuni sono olio di colza, girasole, oliva e arachidi.

Quali alimenti posso usare in una friggitrice ad aria

La domanda da un milione di dollari che molti chiedono prima di acquistare una friggitrice è: che tipo di alimenti sono per una friggitrice ad aria?

Questa domanda non è sorprendente perché prima che qualcuno spenda i suoi soldi duramente guadagnati su un prodotto, vogliono assicurarsi che sia utile per loro. Fortunatamente, la friggitrice può praticamente preparare qualsiasi cibo che normalmente sarebbe cotto in 40 minuti o meno su un piano cottura, un forno o una friggitrice.

Per che tipo di alimenti è adatta una friggitrice anti odore?

•   Una friggitrice ad aria è adatta per cibi che possono essere fritti, grigliati, arrostiti e cotti al forno.

•   In una friggitrice ad aria possono essere utilizzati cibi che richiedono la mollica di pane o un leggero rivestimento a base di farina, generalmente per friggere. Anche alcune verdure possono essere utilizzate con una friggitrice ad aria.

•   Sebbene entrambi abbiano istruzioni di cottura molto diverse con una friggitrice ad aria, anche i pasti preparati in casa e quelli surgelati possono essere preparati in una friggitrice ad aria.

Per quali tipi di alimenti non sono adatte le friggitrici ad aria compressa?

Gli alimenti che dovrebbero evitare di essere preparati in una friggitrice sono verdure che possono essere cotte e cotte al vapore come carote e fagioli. Anche gli ingredienti che saranno fritti con una pastella, dovrebbero essere trattenuti dalla frittura in una friggitrice ad aria.

Quale varietà di alimenti puoi fare con una friggitrice ad aria?

Dal pollo ai frutti di mare, al mais e ai muffin; ci sono molti cibi che possono essere preparati con una friggitrice ad aria. Di seguito è riportato un elenco di alcuni degli alimenti che possono essere cucinati in una friggitrice ad aria:

L'ingrediente più comune utilizzato nelle friggitrici è: patate!

Puoi persino preparare patatine e patate surgelate pre-riscaldate nella tua friggitrice. Sebbene i cibi surgelati impieghino più tempo a cucinare in una friggitrice ad aria, ciò non influirà sul risultato finale del piatto, lasciandovi un esterno croccante e interni morbidi.

Piatti multipli in una volta

Con una friggitrice ad aria, puoi preparare più ingredienti allo stesso tempo. Il separatore che alcuni di loro hanno con l'apparecchio ti consentirà di dividere gli ingredienti nel cestello o nella padella e cuocere entrambi gli alimenti allo stesso tempo.

Tuttavia, prima di cuocere più cibi, è necessario assicurarsi che entrambi i cibi richiedano la stessa temperatura di riscaldamento in modo che possano entrambi cuocere in modo uniforme.

Ad esempio, la preparazione di patate grigliate e gamberetti avrebbe diverse impostazioni di temperatura, in quanto i gamberi non avrebbero bisogno di un'impostazione di temperatura così elevata come le patate.

Come pulire la friggitrice ad aria

Dagli svantaggi della friggitrice, la friggitrice è nata e da allora ha aiutato migliaia di persone nel loro processo di cottura a preparare il cibo delizioso. Fare cibo fresco e sano con la friggitrice Air è abbastanza facile e richiede meno tempo rispetto ad altre friggitrici. Tuttavia, devono essere pulite periodicamente, soprattutto dopo averle utilizzate per un po'.

Le friggitrici d'aria funzionano davvero?

Poiché le friggitrici ad aria compressa non richiedono molto olio durante la preparazione del cibo, è un processo naturale per pulire una friggitrice ad aria. Utilizzando l'insieme corretto di materiali e attrezzature, è possibile pulire rapidamente la friggitrice ad aria. Di seguito in questo articolo, adottiamo metodi passo-passo su come pulire una friggitrice ad aria.

Diamo un'occhiata ai materiali necessari per la pulizia della friggitrice, quindi i passaggi su come pulire dentro e fuori la friggitrice Air, dopo di che diamo un'occhiata a come pulire il cestello della friggitrice ei materiali della padella. Poi parliamo di reinstallare le parti dove dovrebbero essere e poi parliamo anche delle precauzioni da prendere mentre puliamo la friggitrice Air. Alla fine, prenderemo alcune domande frequenti e daremo risposte per loro e con alcune brevi guide video che ti consentono di conoscere le istruzioni per la pulizia della friggitrice Air.

Prima di tutto, dovresti capire che ci sono queste cinque parti principali di cui è composta una friggitrice ad aria. Questi materiali sono:

Corpo o conchiglia stesso

Pan Friggitrice

Cesto della friggitrice ad aria

Maglia Air Fryer

Prese d'aria della friggitrice dell'aria

Quindi, una volta acquisita familiarità con le parti della friggitrice Air, immergetevi direttamente nel processo di pulizia!

Materiali necessari per la pulizia della friggitrice:

Ma prima di sapere come pulire una friggitrice, diamo un'occhiata a quali sono i materiali necessari per pulire correttamente una friggitrice.

Panno in microfibra:

Si consiglia di utilizzare un panno in microfibra perché durante la pulizia delle varie parti della friggitrice ad aria come rete, teglia e cestello, non dovrebbero esserci sbavature o graffi sulla superficie di questi materiali. Tutto ciò che va da uno spessore medio a uno sottile sarà sufficiente per rimuovere lo sporco dai vari elementi della friggitrice Air.

Spugne non abrasive:

il nome potrebbe confondervi un po', ma sì, ci sono spugne di lavaggio non abrasive disponibili nel negozio più vicino che ha uno scrubber su un lato e una spugna su un altro lato di esso. Il lato del lavatore deve effettivamente essere rimosso se si ha più grasso o olio attaccato alla padella e non è facilmente rimosso. Il lato spugna è quello raccomandato per la pulizia delle varie parti dell'Air Fryer. Queste spugne combinate con alcune gocce di detergente liquido possono illuminare tutte le aree della friggitrice Air.

Pennello:

mentre si seleziona la spazzola panoramica per pulire la friggitrice ad aria usata Air, ci sono due cose da tenere a mente. Una è che le setole del pennello non devono essere così dure da creare graffi sulla superficie della friggitrice ad aria. In secondo luogo è la lunghezza del pennello. Dovrebbe passare rapidamente attraverso ogni angolo attraverso la porzione interna della friggitrice ad aria.

Pulizia della cesta e della cesta della friggitrice:

Ora arriviamo al compito più importante o in alcuni casi il compito più noioso di tutti. Le parti più cruciali dell'Air Fryer sono il cestino e la padella dove riponi tutti i tuoi deliziosi prodotti alimentari come pollo o patatine fritte o altre cose simili da cucinare. Dal momento che queste parti sono quelle che vengono maggiormente esposte agli alimenti e alle radiazioni di calore di Air Fryer, è logico che queste cose si sporchino nel tempo e la pulizia e la manutenzione adeguate di questi materiali di volta in volta siano essenziali.

È possibile pulire prima il cestello della friggitrice ad aria e la padella, quindi pulire l'interno e l'esterno della friggitrice ad aria o viceversa, a seconda di quale sia il modo migliore per pulire prima.

Il primo passo è quello di estrarre sia la cesta che la padella dalla friggitrice Air

Quindi riempire la padella dell'Aria con acqua calda una volta a cui è possibile aggiungere anche la soluzione detergente o la soluzione di cottura preparata a base di sporco o grasso.

Riempi la vaschetta dell'Airfryer con acqua calda

Dopo aver riempito la padella con acqua, lasciare immergere il cestello nella padella per almeno 10 minuti. Ciò aiuterà i materiali attaccati al cesto a sciogliersi sul fondo della pentola.

Lascia che la padella con il cestello all'interno si impregni

Dopo pochi minuti, prendere la spazzola o una spugna non abrasiva e pulire tutti i lati del cestello.

Pulire le pareti del cestello con una spugna o una spazzola non abrasiva

Capovolgere il cestello e pulirlo delicatamente con una spazzola o una spugna non abrasiva

Pulire il fondo del cestello con la spazzola

Quindi, tenere da parte il cestello e pulire tutti i lati di una padella con un pennello non abrasivo.

Pulire la padella con una spugna non abrasiva

Infine, strofinare le superfici di padella e cestello con carta assorbente o un panno umido. È inoltre possibile mantenere tutte le parti in un luogo freddo e asciutto per farle asciugare completamente.

Sfregare le superfici della camera d'aria sia della padella che del cestello con i tovaglioli di carta

Reinstallare tutte le parti e controllare il funzionamento della friggitrice ad aria:

Dopo aver pulito tutte le parti della friggitrice ad aria, viene in seguito la reinstallazione delle parti e il controllo della friggitrice funzionante per assicurarsi che funzioni correttamente come prima.

Pulizia della vaschetta dell'aeratore

Una volta che tutte le parti sono asciutte, verificare la presenza di residui o di acqua residua e, in caso contrario, posizionare tutte le parti nelle rispettive posizioni. Inoltre, assicurarsi che il cavo elettrico che collega la friggitrice all'impianto elettrico sia pulito e non danneggiato.

1. Quando senti un cattivo odore:

Le friggitrici ad aria sono la più recente forma di tecnologia nel campo della cottura degli alimenti. Si potrebbe pensare che le friggitrici siano meglio delle friggitrici ad aria in quanto sono ad alta manutenzione, ma a quanto pare, non è così. Se la pulizia appropriata viene eseguita al momento opportuno, le friggitrici ad aria potrebbero essere il tuo miglior partner durante la cottura dei cibi.

Se si utilizza una friggitrice ad aria dopo un lungo periodo di tempo e all'improvviso ci si rende conto che un cattivo odore o un cattivo odore sta uscendo dalla friggitrice Air non appena si estrae le parti, quindi questo è il primo segno immediato per pulire la friggitrice ad aria.

2. Fumi bianchi che escono dal fumo dell'aria:

Certamente, ci sono possibilità che notiate del fumo bianco che esce dalle prese d'aria della friggitrice non appena la accendete. Questo potrebbe essere a causa dei seguenti motivi.

Avresti preparato pasti grassi o cibi grassi e avresti lasciato la friggitrice proprio così.

Potresti aver usato troppo olio per cucinare un piatto che non è destinato. Quindi assicuratevi di leggere il manuale del proprietario e utilizzare la quantità appropriata di olio per preparare i singoli piatti.

Per lo più, i materiali a basso contenuto di grassi sono facili da cucinare attraverso la friggitrice ad aria e, alla fine, sono facili da ottenere più croccanti. Quindi durante l'acquisto delle materie prime o snack assicurati di controllare la percentuale di grasso in loro.

Se non riesci a resistere all'acquisto di alimenti ad alto contenuto di grassi dato che stai morendo dalla voglia di preparare quel piatto delizioso, non preoccuparti! Tuttavia, assicurati di pulire la padella e il cestello immediatamente dopo l'uso con le tecniche sopra menzionate.

Seguendo questi semplici passaggi, è possibile evitare costi di manutenzione e aumentare la durata della friggitrice.

3. Bolle o peeling all'interno della friggitrice ad aria:

Potrebbero esserci delle possibilità che prima di sapere che i materiali abrasivi non debbano essere usati per la pulizia, potresti aver usato le parti del cestello o della padella della friggitrice ad aria. Quindi, ora che li hai usati, potresti notare il gorgoglio o il distacco dello strato dalla parte del cestello della friggitrice ad aria.

Dal momento che c'è il rivestimento non appiccicoso sopra il cesto, quindi non c'è nulla di cui preoccuparsi per il cibo che assumi. Tuttavia, la migliore raccomandazione sarebbe quella di contattare il produttore al più presto e risolvere il problema.

4. Difficoltà nel far scorrere la padella:

Anche in questo caso, questo potrebbe sembrare ridondante, ma ci sono possibilità che se non si pulisce la friggitrice da molto tempo e si sta cucinando attraverso la friggitrice ad aria, l'accumulo di cibo o olio sull'area interna dell'aria potrebbe verificarsi la friggitrice.

Una soluzione semplice è prima di iniziare a cucinare per il tuo prossimo pasto, pulire correttamente la friggitrice come sopra indicato e poi andare avanti e cucinare i tuoi deliziosi piatti. La pulizia in questo modo contribuirà a ridurre ulteriormente il carico.

Precauzioni da prendere durante la pulizia della friggitrice:

Pulire qualsiasi cosa non è un compito facile, e quando si pulisce una friggitrice su cui si è investito un bel po' ', non si vuole correre rischi o rischi durante la pulizia. Quindi di seguito sono riportate alcune semplici precauzioni prese durante o dopo la pulizia della friggitrice ad aria.

Quando si puliscono le parti della friggitrice ad aria, ricordarsi di maneggiare le parti con delicatezza. Non precipitarti nelle cose così finisci per danneggiare qualsiasi parte.

Utilizzare la soluzione di cottura quando c'è molta sporcizia che si trova all'interno della friggitrice o anche sulle aree del cestello e della padella.

Prima e dopo aver pulito le parti, assicurarsi di controllare i cavi, tutte le parti della friggitrice non sono danneggiate in alcun modo.

Non utilizzare mai la spazzola o il lavatore in acciaio per pulire le parti della friggitrice.

Leggere il manuale di istruzioni o il manuale del proprietario correttamente prima di preparare il cibo.

Non usare olio eccessivo per cucinare alimenti e provare a cuocere la quantità ottimale di cibo in una sola volta in una friggitrice ad aria.

Assicurati di pulire la friggitrice ad aria dopo ogni uso in modo da non dover spendere molto quando diventa sporca.

Non immergere mai i componenti che entrano in contatto (ad esempio: cruscotto) per l'alimentazione in acqua. Utilizzare un panno umido per pulirli correttamente.

Focaccine alla Fragola

INGREDIENTI:

- 240 g di farina per tutti gli usi
- 50 g di zucchero semolato
- 8 g di lievito in polvere
- 85 g di burro freddo tagliato a pezzi
- Un pizzico di sale
- 84 g di fragole fresche tritate
- 120 ml di panna pesante
- 10 ml di estratto di vaniglia
- 3 uova grandi
- 5 ml di acqua

Procedimento:

1. Setacciare la farina, lo zucchero, il lievito e il sale in una grande ciotola.
2. Tagliare il burro nella farina usando un frullatore o le mani fino a quando il composto non assomiglia a briciole grossolane.
3. Mescolare le fragole nella miscela di farina e mettere da parte. Sbattere insieme con vigore la crema e 1 uovo e l'estratto di vaniglia in una ciotola separata.
4. Sbattere il composto di crema nella miscela di farina finché non si unisce, poi stenderla con uno spessore di 38 mm.
5. Utilizzare un taglierino per biscotti rotondo per tagliare le focaccine. Spazzolare le focaccine con un lavaggio per uova composto da 1 uovo e l'acqua e mettere da parte.

6. Preriscaldare la friggitrice ad Aria Cosori, regolare a 175° C e premere Avvia/Pausa.
7. Rivestire il cestello interno preriscaldato con carta da forno.
8. Posizionare le focaccine sopra la carta da forno e cuocere per 12 minuti a 175° C, fino a doratura.

Mini Caprese al cioccolato fondente

INGREDIENTI:

- 100gr di mandorle da pelare
- 125 gr di cioccolato fondente
- 60 gr di burro
- 2 uova medie
- ½ bustina di lievito per dolci
- 25 gr di fecola di patate

Procedimento:

1. Pelare e tritare le mandorle e metterle da parte.
2. Frammentare e tritare accuratamente il cioccolato fondente e, successivamente, porre il burro a temperatura ambiente, aspettando che si ammorbidisca.
3. Montare le due uova e lo zucchero in un recipiente, fino ad ottenere un composto morbido e cremoso.
4. Aggiungere all'impasto il burro, le mandorle e il cioccolato e continuare ad amalgamare dolcemente. Infine, aggiungere la fecola ed il lievito, setacciati in precedenza.
5. Accendere e preriscaldare la friggitrice, portandola a 180 gradi.
6. Riporre l'impasto ottenuto negli appositi pirottini.
7. Disporre i pirottini nel cestello della friggitrice riscaldata.
8. Cuocere a 160 gradi per 15 minuti circa

Torta di Carote

INGREDIENTI:

- 140 gr Farina
- 170 gr Carote
- 140 gr Zucchero
- 100 ml Olio di semi
- 2 uova
- 70 gr Mandorle amare
- 1 bustina Lievito per dolci
- 1 bustina Vanillina
- Zucchero a velo q.b.
- Sale (un pizzico)

Preparazione:

1. Lavate e tagliate le carote, quindi fatele bollire in acqua per 10 minuti, finché non saranno morbide, dopodiché frullatele tramite mixer; aggiungete l'olio di semi a filo e tritate via via più finemente, secondo diverse velocità, fino a raggiungere una consistenza cremosa.
2. In una ciotolina mettete le uova e lo zucchero; mescolate adeguatamente fino a raggiungere una consistenza cremosa. A questo punto aggiungete la crema di carote precedentemente ottenuta e mescolate nuovamente.
3. Aggiungete quindi il sale, la vanillina, il lievito e la farina, poco per volta tramite un setaccio, mescolate in modo costante fino a creare composto omogeneo, privo di grumi. Tritate le mandorle a coltello e aggiungetele al composto, mescolando gentilmente.

4. Versate il composto nell'apposito stampo per torte, solo dopo averlo adeguatamente imburrato e aggiunto una spolverata di farina.
5. Inserite nella vostra friggitrice ad aria preriscaldata a 170°C per circa 35 minuti, controllando la cottura nell'ultima fase, utilizzando lo stecchino per verificare che l'interno sia cotto (dovrà risultare asciutto).
6. Al termine, spolverate con zucchero a velo.

Torta di Mele, Amaretti e Zucchero di Canna

INGREDIENTI:

- 200 gr Farina
- 80 gr Burro
- 70 gr Zucchero di canna
- 100 ml Latte
- 2 Uova
- 2 Mele
- 50 gr Amaretti
- 1 bustina Lievito per dolci
- Un pizzico di Sale

Preparazione:

1. Sciogliete il burro a bagnomaria a fuoco dolce, quindi lasciate raffreddare.
2. In una ciotolina aggiungete le uova, lo zucchero di canna e mescolate in modo da amalgamare bene gli ingredienti, quindi aggiungete il burro intiepidito e mescolate.
3. A questo punto unite il sale, il latte, il lievito e la farina, poco per volta tramite un setaccio, mescolate in modo costante fino a creare un composto omogeneo, privo di grumi.
4. Aggiungete quindi gli amaretti, solo dopo averli precedentemente tritati a coltello.
5. Versate il composto nell'apposito stampo per torte, solo dopo averlo adeguatamente imburrato e aggiunto una spolverata di farina.

6. Pelate e lavate le mele, tagliatele a mezzelune sottili e ponetele sulla superficie con l'aggiunta di 1-2 cucchiai di zucchero di canna.
7. Inserite nella vostra friggitrice ad aria preriscaldata a 170°C per circa 35 minuti, controllando la cottura nell'ultima fase, utilizzando lo stecchino per verificare che l'interno sia cotto (dovrà risultare asciutto).

Torta Mascarpone e Mele

INGREDIENTI:
- 170 gr Farina
- 170 gr Mascarpone
- 120 gr Zucchero
- uova
- 2 mele
- 1 bustina Lievito per dolci
- Cannella in polvere q.b.
- Zucchero a velo q.b.
- Sale (un pizzico)

Preparazione:
1. In una ciotolina aggiungete le uova e lo zucchero, mescolate fino ad ottenere un composto omogeneo; unite quindi il mascarpone, poco alla volta, e continuate fino ad incorporarlo del tutto.
2. A questo punto aggiungete il sale, la cannella, il lievito e la farina, poco per volta tramite un setaccio, mescolate in modo costante fino a creare un composto omogeneo, privo di grumi.
3. Pelate e lavate le mele, tagliatele:
4. Una parte a dadini di circa 2 cm (da inserire all'interno dell'impasto).
5. Una parte a mezzelune sottili da porre sulla superficie.
6. Aggiungete quindi i dadini di mela e mescolate gentilmente.
7. Versate il composto nell'apposito stampo per torte, solo dopo averlo adeguatamente imburrato e aggiunto una spolverata di farina.

8. A questo punto aggiungete le mele a spicchi sulla parte superiore.
9. Inserite nella vostra friggitrice ad aria preriscaldata a 170°C per circa 35 minuti, controllando la cottura nell'ultima fase, utilizzando lo stecchino per verificare che l'interno sia cotto (dovrà risultare asciutto).
1. Al termine, spolverate con zucchero a velo.

Mini Torta di Mele

PRODUCE 2 PORZIONI
TEMPO DI PREPARAZIONE:35 MINUTI
TEMPO DI COTTURA:10 MINUTI
INGREDIENTI:

- 18 g di zucchero semolato
- 18 g di burro non salato
- 1 g di noce moscata
- 1 rotolo di impasto per torta
- 1 mela media,
- 5 gr di cannella in polvere
- 1 uovo sbattuto
- 5 ml di latte

Procedimento:

1. Tagliare la mela a cubetti piccoli.
2. Mescolare le mele, lo zucchero, il burro, la cannella, la noce moscata in una padella e cuocere a fuoco lento per 2 minuti.
3. Lasciarle raffreddare per 30 minuti.
4. Con l'aiuto del mattarello stendere la pasta e formare cerchi da 127 mm.
5. Aggiungere il ripieno al centro di ciascun cerchio e inumidire con l'acqua alle estremità esterne.
6. Chiudere la torta e tagliare una piccola fessura sulla parte superiore.
7. Preriscaldare la friggitrice ad Aria a 175° C.
8. Mescolare insieme l'uovo e il latte e spennellare le parti superiori di ciascuna torta.
9. Mettere le torte nella friggitrice preriscaldata e cuocere a 175° C per 10 minuti.

Crostata di Pere Rustica con Noci

PRODUCE 4 PORZIONI
TEMPO DI PREPARAZIONE: 10 MINUTI
TEMPO DI COTTURA: 45 MINUTI
INGREDIENTI:
PASTA

- 100 g di farina
- Un pizzico di sale
- 20 g di zucchero semolato
- 84 g di burro freddo e tagliato a pezzi
- 30 ml di acqua ghiacciata
- 1 uovo sbattuto
- 12 g di zucchero di canna
- Spray da cucina antiaderente
- 20 g di miele
- 5 ml di acqua
- Noci tostate e tritate, per guarnire

FARCIA

- 1 pera grande
- 5 g di amido di mais
- 30 g di zucchero di canna
- 1 pizzico di cannella in polvere
- Un pizzico di sale

Procedimento:

1. Mescolare la farina, il sale, lo zucchero semolato ed il burro in una grande ciotola.
2. Aggiungere l'acqua fredda e mescolare fino a quando non si unisce, coprirlo con la pellicola e lasciarlo raffreddare in frigorifero per un'ora.
3. Mescolare insieme gli ingredienti di riempimento in una ciotola fino a quando non sono ben combinati.

4. Con l'aiuto di un mattarello stendere la pasta fredda fino a un diametro di 216 mm.
5. Adagiare la pasta nella tortiera, mettere le fette di pera in cerchi sovrapposti
6. Spennellare i bordi con l'uovo sbattuto e cospargere lo zucchero su tutta la crostata.
7. Preriscaldare la friggitrice ad Aria 160° C.
8. Mettere la crostata all'interno della friggitrice.
9. Cuocere per 45 minuti.
10. Mescolare insieme il miele e l'acqua e spennellare la torta a cottura terminata.
11. Guarnire con noci tritate tostate.

Pane alle banane con noci

INGREDIENTI:
- 25 gr di burro
- 100 gr di zucchero semolato
- aroma di vaniglia
- 1 uovo
- 2 banane mature
- 20 gr di farina tipo "00"
- un pizzico di bicarbonato di sodio
- un pizzico di sale
- 50 gr di noci (da tritare)

Procedimento:
1. Lasciare per qualche minuto il burro a temperatura ambiente, al fine di ammorbidirlo.
2. Successivamente unire il burro con lo zucchero, mescolandoli con energia.
3. Schiacciare le banane, riducendole ad una morbida poltiglia.
4. Aggiungere all'uovo montato le banane e la vaniglia, generando un impasto cremoso.
5. Preriscaldare la friggitrice ad aria calda, portandola a 150 gradi.
6. Passare al setaccio la farina, il bicarbonato di sodio e il sale. In un secondo momento aggiungerli all'impasto di burro e zucchero ed amalgamarli.
7. Aggiungere a questa miscela l'impasto con le banane e incorporarli per qualche minuto.
8. Aggiungere le noci tritate all'impasto.

9. Ungere la teglia e successivamente riporvi la pastella di banane e noci.
10. Inserire la teglia nella friggitrice ed avviare la cottura che si deve estendere per 40 minuti.

Crostatine di pere e noci

INGREDIENTI:

(PER L'IMPASTO)

100gr di farina tipo "00"

- 15 gr di zucchero semolato
- 15 gr di zucchero di canna
- 90 gr di burro
- un uovo (da montare)
- 30 ml di acqua fredda
- 15 gr di miele millefiori
- 5 ml di acqua a temperatura ambiente
- 15-30 gr di noci tritate e tostate.

(PER LA GUARNIZIONE):

- 10 gr di maizena
- 1 pera sbucciata e affettata finemente
- 25 gr di zucchero di canna
- una spolverata di cannella
- un pizzico di sale.

Procedimento:

1. Mescolare in un recipiente la farina, il sale e lo zucchero semolato fino ad ottenere un miscuglio morbido ed omogeneo.
2. Aggiungere alla miscela il burro e, servendosi di un frullatore, rimestare fino a formare delle briciole grossolane.
3. Aggiungere a filo l'acqua fredda, continuando a mescolare l'impasto.
4. Una volta ottenuta una massa soffice, riporla in un contenitore e coprirla. Successivamente riporla in frigo per circa un'ora di tempo.

5. Aggiungere tutti gli ingredienti per la guarnizione in una ciotola ed amalgamarli energicamente.
6. Riprendere la massa dal frigorifero e lavorarla, ottenendo una sfoglia da 22 cm di diametro (all'incirca).
7. Aggiungere i 10 gr di farina "00" sulla sfoglia lavorata, lasciando 4 cm dal bordo. Riporre, al di sopra della porzione infarinata della sfoglia, l'impasto per la guarnizione.
8. Disporre alcune fettine di pera in cerchi sovrapposti, proprio sulla porzione infarinata della sfoglia, laddove è stata posizionata la miscela della guarnizione.
9. Spennellare i bordi con l'uovo e, successivamente, sollevando i lembi, chiudere il dolce, formando una crostatina. Procedere con una spolverata di zucchero di canna
10. Riporre le crostatine all'interno della friggitrice, preriscaldata fino a 160 a gradi.
11. Avviare la cottura e protrarla per 45 minuti.
12. Terminata la cottura, guarnire le crostatine con le noci tritate e tostate

Torta Mele e Zucca

Ingredienti:
- 200 gr Farina
- 50 gr Burro
- 90 gr Zucchero
- Un cucchiaio Zucchero di canna
- uova
- 140 gr Zucca
- 1 mela
- 1 bustina Lievito per dolci
- Un pizzico di Sale

Preparazione:
1. Pulite molto bene la zucca, tagliatela a pezzi e lasciatela bollire per 15 minuti, fino a che non sarà diventata morbida. Estraetela dal tegame, riducetela in piccoli pezzi, dopodiché passatela al mixer aggiungendo dell'olio di semi a filo, fino ad ottenere una crema; mettetela da parte.
2. Sciogliete il burro a bagnomaria a fuoco dolce, quindi lasciate intiepidire.
3. In una ciotolina aggiungete le uova, lo zucchero e mescolate in modo da amalgamare bene gli ingredienti, quindi aggiungete il burro.
4. A questo punto unite il sale, la crema di zucca ormai tiepida, il lievito e la farina, poco per volta tramite un setaccio, mescolate in modo costante fino a creare un composto omogeneo, privo di grumi.

5. Versate il composto nell'apposito stampo per torte, solo dopo averlo adeguatamente imburrato e aggiunto una spolverata di farina.
6. Pulite la mela, lavatela bene e tagliatela a spicchi sottili, ponendoli sulla superficie della torta in senso circolare e spolverate con 1-2 cucchiai di zucchero di canna.
7. Inserite nella vostra friggitrice ad aria preriscaldata a 170°C per circa 35 minuti, controllando la cottura nell'ultima fase, utilizzando lo stecchino per verificare che l'interno sia cotto (dovrà risultare asciutto).

Torta Mele e Marmellata

INGREDIENTI:

- 160 gr Farina
- 30 gr Fecola di patate
- 100 gr Zucchero
- 70 ml Olio di semi
- 140 gr Marmellata a scelta
- 2 Uova
- 2 Mele
- Scorza di un'arancia
- 1 bustina di Lievito per dolci
- 1 bustina di Vanillina
- Un pizzico di Sale

Preparazione:

1. In una ciotolina aggiungete le uova, lo zucchero e mescolate in modo da amalgamare bene gli ingredienti, quindi aggiungete l'olio di semi.
2. A questo punto unite il sale, il lievito, la vanillina, la farina e la fecola di patate, poco per volta tramite un setaccio, mescolate in modo costante fino a creare un composto omogeneo, privo di grumi.
3. Pelate e lavate le mele, tagliatele:
4. Una parte a dadini di circa 2 cm (da inserire all'interno dell'impasto).
5. Una parte a mezzelune sottili da porre sulla superficie.
6. Aggiungete quindi i dadini di mela e mescolate gentilmente.

7. Versate il composto nell'apposito stampo per torte, solo dopo averlo adeguatamente imburrato e aggiunto una spolverata di farina.
8. Tramite un cucchiaio poggiate la marmellata sulla superficie (in cottura penetrerà nell'impasto).
9. Recuperate le fettine sottili di mela e poggiatele sulla superficie (coprendo dunque la marmellata).
10. Inserite nella vostra friggitrice ad aria preriscaldata a 170°C per circa 35 minuti, controllando la cottura nell'ultima fase, utilizzando lo stecchino per verificare che l'interno sia cotto (dovrà risultare asciutto).

Muffin al Limone e Mirtilli

PRODUCE 6-8 PORZIONI
TEMPO DI PREPARAZIONE:
10 MINUTI
TEMPO DI COTTURA:
15 MINUTI
INGREDIENTI:

- 5 ml di succo di limone
- 120 g di latte di cocco o latte di soia
- 120 g di farina
- 4 g di lievito in polvere
- 2 g di bicarbonato di sodio
- 50 g di zucchero semolato
- 5 gr di sale
- 60 ml di olio di cocco
- 1 limone zestato
- 5 ml di estratto di vaniglia
- 75 g di mirtilli freschi
- Spray da cucina antiaderente

Procedimento:

1. In una ciotola unire il succo di limone e il latte di cocco.
2. A parte, mescolare insieme farina, lievito, bicarbonato e sale.
3. In un'altra ciotola ancora, mescolare zucchero, olio di cocco, scorza di limone e estratto di vaniglia.
4. Adesso unire tutte e 3 le ciotole ed infine i mirtilli.
5. Preriscaldare la friggitrice ad Aria a 150° C.
6. Ungere le tazze dei muffin con lo spray da cucina e versare il composto senza arrivare al bordo superiore degli stampi.

7. Posizionare con cautela le tazze dei muffin nella friggitrice e cuocere per 15 minuti.
8. Rimuovere i muffin quando sono cotti e lasciarli raffreddare per 10 minuti.

Muffin al Caffè Espresso

PRODUCE 8 MUFFINS
TEMPO DI PREPARAZIONE: 10 MINUTI
TEMPO DI COTTURA: 15 MINUTI
INGREDIENTI:

- 120 g di farina
- 60 g di cacao in polvere
- 150 g di zucchero di canna
- 2 g di lievito per dolci
- 2 g di polvere di caffè espresso
- 3 g di bicarbonato di sodio
- 1 uovo grande
- 5 gr di sale
- 170 ml di latte
- 5 ml di estratto di vaniglia
- 5 ml di aceto di sidro di mele
- 80 mi di olio vegetale
- Spray da cucina antiaderente

Procedimento:

1. Mescolare insieme la farina, il cacao, lo zucchero, il lievito, il caffè, il bicarbonato e il sale.
2. A parte sbattere l'uovo, il latte, la vaniglia, l'aceto e l'olio.
3. Mescolare le due ciotole insieme.
4. Ungere le tazze dei muffin con uno spray da cucina e versare il composto negli stampi senza arrivare all'orlo.
5. Preriscaldare la friggitrice ad Aria a 150° C.
6. Posizionare con attenzione le tazze dei muffin nella friggitrice e cuocere per 15 minuti.

Torta Pere e Cioccolata

INGREDIENTI:

- 170 gr Farina
- 80 gr Burro
- 120 gr Zucchero
- 80 ml Latte
- 25 gr Cacao amaro
- 2 uova
- 2 pere
- 1 bustina di Lievito per dolci
- 1 bustina di Vanillina
- Succo di limone
- Un pizzico di Sale

Preparazione:

1. Lavate e sbucciate le pere, tagliandole a dadini di circa 2 cm, e aggiungete del succo di limone per prevenirne l'ossidazione; quindi mettetele da parte.
2. Sciogliete il burro a bagnomaria a fuoco dolce, e lasciate raffreddare.
3. In una ciotolina aggiungete le uova, lo zucchero e mescolate in modo da amalgamare bene gli ingredienti, aggiungete il burro intiepidito e mescolate.
4. A questo punto unite il sale, il lievito, la vanillina, la farina e il cacao amaro poco per volta tramite un setaccio, mescolate in modo costante fino a creare un composto omogeneo, privo di grumi.
5. Aggiungete i dadini di pera, precedentemente ottenuti, all'impasto, mescolando delicatamente.

6. Versate il composto nell'apposito stampo per torte, solo dopo averlo adeguatamente imburrato e aggiunto una spolverata di farina.
7. Inserite nella vostra friggitrice ad aria preriscaldata a 170°C per circa 35 minuti, controllando la cottura nell'ultima fase, utilizzando lo stecchino per verificare che l'interno sia cotto (dovrà risultare asciutto).
8. Al termine, spolverate con zucchero a velo.

Torta allo Yogurt

INGREDIENTI:

- 250 gr di Farina
- 40 ml d' Olio di semi
- 140 gr di Zucchero
- Un vasetto di Yogurt a scelta
- 2 uova
- 1 bustina Lievito per dolci
- 1 bustina Vanillina
- Un pizzico di Sale

Preparazione:

1. In una ciotolina aggiungete le uova, lo zucchero e mescolate in modo da amalgamare bene gli ingredienti, quindi aggiungete l'olio di semi e mescolate man mano che procedete.
2. A questo punto unite il sale, il lievito, la vanillina, lo yogurt e la farina, poco per volta tramite un setaccio, mescolate in modo costante fino a creare un composto omogeneo, privo di grumi.
3. Versate il composto nell'apposito stampo per torte, solo dopo averlo adeguatamente imburrato e aggiunto una spolverata di farina.
4. Inserite nella vostra friggitrice ad aria preriscaldata a 170°C per circa 35 minuti, controllando la cottura nell'ultima fase, utilizzando lo stecchino per verificare che l'interno sia cotto (dovrà risultare asciutto).
5. Spolverate con dello zucchero a velo.

Crostata di Marmellata

Ingredienti:

- 240 gr di Farina
- 125 gr di Zucchero
- 125 gr di Burro
- 2 uova
- Marmellata a scelta (q.b.)
- ½ bustina di Lievito per dolci
- Scorza di un limone
- Un pizzico di Sale

Preparazione:

1. Ricavate della scorza di limone grattugiata, avendo cura di grattugiare solo la parte superficiale, quindi mettetela da parte.
2. In una ciotolina unite la farina e lo zucchero con il burro a temperatura ambiente (tagliato a dadini), aggiungete le uova e la scorza di limone grattugiata; impastate energicamente fino ad ottenere un impasto omogeneo e compatto.
3. Dopo la lavorazione, avvolgetelo all'interno di una pellicola trasparente e lasciatelo riposare in frigo per circa 2 ore.
4. Al termine, recuperatelo e stendetelo con una spolverata di farina, al mattarello, fino ad ottenere uno spessore di circa 1 cm (non è necessario lavorare ulteriormente l'impasto basta semplicemente stenderlo).
5. Poggiatelo come un lenzuolo sopra l'apposita teglia (dopo averla imburrata) avendo cura di premere

gentilmente su tutti i bordi e tagliate la parte in eccesso tramite una rotella tagliapasta.

6. Rilavorate la parte rimasta e stendetela nuovamente, per ottenere delle striscette di circa 1 cm di larghezza.

7. A questo punto non resta che aggiungere la marmellata sopra la frolla, distribuirla omogeneamente su tutta la superficie tramite un cucchiaio e stendere sopra le striscette di frolla come nella più classica delle crostate.

8. Ricordate di sigillare perfettamente i bordi tramite i dentini (o rebbi) della forchetta attorno alla circonferenza della crostata.

9. Inserite nella vostra friggitrice ad aria preriscaldata a 160°C per circa 15-20 minuti, controllando la cottura nell'ultima fase

Muffin con Scaglie di Cioccolato

TEMPO DI PREPARAZIONE:
10 MINUTI
TEMPO DI COTTURA:
15 MINUTI
INGREDIENTI:

- 50 g di zucchero semolato
- 125 ml di latte di cocco o latte di soia
- 60 ml di olio di cocco
- 5 ml di estratto di vaniglia
- 120 g di farina
- 14 g di polvere di cacao
- 4 g di lievito in polvere
- 2 g di bicarbonato di sodio
- Un pizzico di sale
- 85 g di gocce di cioccolato
- 25 g di pistacchio (facoltativo)
- Spray da cucina antiaderente

Procedimento:

1. Unire lo zucchero, il latte di cocco, l'olio di cocco e l'estratto di vaniglia in una ciotola.
2. In un altro contenitore mescolare farina, cacao, lievito, bicarbonato e sale.
3. Unire i due composti ottenuti. Successivamente aggiungere le gocce di cioccolato e i pistacchi.
4. Preriscaldare la friggitrice a 150° C.
5. Ungere le tazze di muffin con lo spray da cucina e versare il composto negli stampi senza arrivare all'orlo.
6. Posizionare con attenzione le tazze dei muffin nella friggitrice e cuocere per 15 minuti.

Dessert Di Pesche

PER 4 PERSONE
TEMPO: 30 MINUTI
INGREDIENTI:

- 1 kg pesche
- uova
- 170 gr zucchero di canna
- 170 gr mandorle spellate
- 1 limone
- cucchiai pangrattato
- cannella
- burro

Procedimento:

1. Lavate le pesche e sbucciatele, tagliatele a dadini avendo cura di togliere i noccioli interni.
2. Montate a neve gli albumi e tenete i tuorli da parte.
3. Sbattete i tuorli con lo zucchero e mescolate finché gli ingredienti saranno perfettamente amalgamati. Unite le mandorle, la scorza grattugiata del limone, un pizzico di cannella e i cucchiai di pangrattato poi mescolate. Aggiungete gli albumi e muovete l'impasto con un mestolo di legno, delicatamente, dall'alto verso il basso.
4. Prendete una pirofila delle dimensioni della vostra friggitrice ad aria e ungetela appena con un po' di burro.
5. Create uno strato di composto alle mandorle poi uno di pesche a pezzi e così via, fino al termine degli ingredienti.

6. Inserite la pirofila nel cestello dell'airfryer e fate cuocere a 180° per 15 minuti.
7. Servite le pesche quando si saranno raffreddate.

Mini Cannoli in Pasta Sfoglia

Per questa preparazione avrete bisogno dei classici stampini a cono, attorno ai quali arrotolare la pasta sfoglia per ottenere questi sfiziosi mini cannoli.
Solo al termine della cottura, potrete estrarli e farcirli adeguatamente.

PER 12 MINI CANNOLI
INGREDIENTI:

- Crema pasticcera
- 1 rotolo di pasta sfoglia rettangolare
- Zucchero a velo
- Acqua e zucchero

Preparazione:

1. Distendete la pasta sfoglia rettangolare e tagliatela tramite una rotella taglia pizza in striscette di circa 2 cm di larghezza.
2. In un pentolino lasciate sciogliere acqua (mezzo bicchiere) e zucchero (40gr) mescolando continuamente, scaldandolo per qualche secondo (non serve portare a bollore).
3. Arrotolate le strisce di pasta sfoglia intorno agli appositi stampini conici in metallo.
4. Spennellate quindi la pasta sfoglia con acqua e zucchero (una volta tiepida), utilizzandola come collante per tenerla unita man mano che procedete intorno allo stampino.
5. Arrotolate per circa 2/3 della lunghezza dello stampino (dalla punta verso la base maggiore) e poggiateli su carta da forno, man mano che procedete.

6. Disponeteli nella friggitrice ad aria preriscaldata direttamente con lo stampino, distanziandoli tra loro e lasciateli a 170°C per 10-12 minuti, controllando la cottura nell'ultima fase.
7. Al termine lasciateli raffreddare ed estraeteli, liberandoli delicatamente dallo stampino.
8. Inserite la crema pasticcera con una sac a poche o semplicemente forando l'estremità di un sacchetto per alimenti.
9. Spolverate con dello zucchero a velo.
10. Terminata la farcitura, potete lasciar colare a filo tramite un cucchiaino, della cioccolata calda scaldata a bagnomaria, o immergerne una parte per ottenere dei deliziosi mini-cannoli glassati!
11. Ricordate che potete farcirli nei modi che preferite!

Torta al cioccolato

PORZIONI: 8-10
INGREDIENTI:
PER LA TORTA:

- 3 uova
- ½ bicchiere di panna acida
- 1 bicchiere di farina
- 2/3 di un bicchiere di zucchero semolato (bianco o fine)
- 9 cucchiai di burro non salato
- 6 cucchiai di cacao in polvere
- 1 cucchiaino di lievito per dolci
- ½ cucchiaino di bicarbonato di sodio
- 2 cucchiaini di vaniglia

PER IL CIOCCOLATO

- 150g di cioccolato
- 3½ cucchiai di burro non salato
- 1 bicchiere di zucchero a velo
- 1 cucchiaino di vaniglia

Preparazione:

1. Preriscaldare la friggitrice a 180 C°. Collocare gli ingredienti per la torta in un robot da cucina o in un mixer e mescolare bene. Trasferire nella pirofila.

2. Collocare la pirofila nel cestello. Inserire il cestino nella friggitrice ad aria e impostare il timer per 35 minuti. Una volta scaduto il tempo, pizzicare la torta con uno stecchino di legno. Se esce pulito, allora la torta è cotta. Se è ancora appiccicoso, rimetti la torta nella friggitrice e imposta il timer

per altri 5 minuti. Rimuovere il piatto dal cestello e lasciare raffreddare la torta su una gratella.

3. Nel frattempo, sciogli il cioccolato a bagnomaria o nel microonde.

4. Lasciare raffreddare un po', quindi mescolare tutti gli ingredienti della glassa. Rimuovere la torta raffreddata dalla teglia da forno e posizionarla su un piatto.

5. Coprire con glassa al cioccolato e servire.

Chiacchiere di Carnevale

INGREDIENTI:
- 500 gr di farina tipo "00"
- 50 gr di burro fresco
- 3 uova medie
- 75 gr di zucchero semolato
- 7 gr di lievito granulare per dolci
- 1 tuorlo, baccello o aroma liquido di vaniglia
- 25 gr di grappa veneta, sale quanto basta.

Procedimento:
1. Versare nella ciotola della planetaria con foglia, la farina e il lievito per dolci (preventivamente setacciati).
2. Aggiungere lo zucchero semolato, le uova (montate dolcemente in precedenza), un pizzico di sale e la grappa. Iniziare a mescolare per bene tutti gli ingredienti. Amalgamare fino ad ottenere un impasto uniforme e soffice.
3. Lasciare per qualche minuto il burro a temperatura ambiente al fine di farlo ammorbidire e rendere la sua lavorazione più semplice.
4. Sostituire la foglia della planetaria con il gancio ed unire alla massa l'aroma o il baccello di vaniglia e il burro. Continuare ad impastare per 10-15 minuti per formare un impasto morbido ed omogeneo. È fondamentale la consistenza dell'impasto, poiché deve risultare abbastanza malleabile (nel caso in cui fosse un po' dura, aggiungere 10-15 gr di acqua tiepida).

5. Trasportare su una spianatoia l'impasto e lavorarlo fino ad ottenere una pallina.
6. Avvolgere la pallina in un foglio di pellicola e lasciare riposare l'impasto per circa 30 minuti a temperatura ambiente.
7. Trascorso questo lasso di tempo, suddividere la pasta in porzioni più piccole da 150 gr circa. Iniziare a stendere con il mattarello (o un tira pasta) ogni singola porzione dell'impasto delle chiacchiere di carnevale, con il supporto della farina.
8. L'obiettivo della lavorazione è quello di ottenere delle sfoglie di forma rettangolare e dallo spessore di circa 2 millimetri. Creata questa condizione per ogni pallina di massa, lasciare a riposo per qualche minuto.
9. Preriscaldare la friggitrice ad aria calda fino alla temperatura di 200 gradi. Una volta raggiunta questa soglia, abbassare la manopola di venti gradi, arrivando al valore di 180 gradi.
10. Servendosi di una rotella tagliapasta zigrinata o a taglio smerlato, tagliare le sfoglie per ottenere dei rettangoli o triangoli.
11. Riporre le chiacchiere di carnevale all'interno del cestello della friggitrice ad aria calda.
12. Iniziare la cottura delle chiacchiere a 180 gradi per un tempo di 3-5 minuti. Le chiacchiere devono assumere un aspetto dorato e croccante.
13. Terminata la cottura, rimuovere il cestello e lasciare raffreddare le chiacchiere.

14. Spolverare le chiacchiere cotte con abbondante zucchero a velo. Servire con un vino bianco dolce frizzante.

Tortini morbidi senza glutine

INGREDIENTI:
- 75 gr di farina di riso
- 25 gr di farina di mandorle
- 80 gr di zucchero semolato
- 2 uova medie
- 2 cucchiaini di lievito per dolci in polvere (rigorosamente gluten free).

Procedimento:
1. Lasciare per qualche minuto le uova fuori da frigo, in maniera tale da rendere più tiepide (piccolo stratagemma per rendere l'impasto più omogeneo e cremoso).
2. Successivamente versarli in una ciotola ed aggiungere lo zucchero semolato. Iniziare a montare energicamente, fino a quando non si otterrà una miscela morbida e spumosa.
3. Setacciare le farine di riso e di mandorle assieme al lievito. Questa operazione è utile per prevenire la formazione di grumi nell'impasto.
4. Aggiungere, poco per volta, le farine e il lievito setacciati alla spuma di uova e zucchero. Continuare ad amalgamare, fino a quando gli ingredienti da aggiungere non finiscono. Per ottenere dei tortini morbidi e gustosi è necessario porre particolare attenzione a questa fase; l'impasto deve essere rimestato con minuzia.
5. Imburrare i pirottini e riempirli con l'impasto dei tortini senza glutine.

6. Impostare la friggitrice ad aria calda sul valore di 160 gradi e attendere che raggiunga tale valore.
7. Posizionare ordinatamente i pirottini all'interno della friggitrice ed avviare la cottura. Attendere per circa 12 minuti, ovvero fino a quando i tortini non saranno diventati dorati.
8. Prima di servirli è consigliabile lasciarli raffreddare per circa 15- 20 minuti circa.

Plum-cake leggero solo con albumi all'aroma di rum

INGREDIENTI:
- 75 gr di bianco d'uovo
- 60 gr di zucchero di canna
- 50 gr di olio di semi di mais
- 125 gr di farina tipo "00"
- estratto liquido di rum
- 5 gr di lievito per dolci in polvere.

Procedimento:
1. In un recipiente o nella ciotola nella planetaria, mettere gli albumi e montarli accuratamente, fino ad ottenere un composto spumoso.
2. In un altro recipiente, aggiungere tutti gli altri ingredienti, setacciando preventivamente la farina ed il lievito. Amalgamare con intensità gli ingredienti e, una volta ottenuta una pasta omogenea, aggiungere l'aroma al rum. Quindi, riprendere a miscelare.
3. Riprendere la ciotola con gli albumi e sincerarsi della cremosità del composto. Quindi, in un secondo momento, aggiungere a filo l'olio di semi di mais, incorporandolo delicatamente.
4. Unire i due impasti miscelandoli con cura e delicatezza, fino ad ottenere una massa soffice ed omogenea.
5. Imburrare lo stampo da plum-cake e riporvi con estrema cautela l'impasto morbido. 6) Preriscaldare la friggitrice ad aria calda fino a 160 gradi.

6. Riporre lo stampo del plum-cake all'interno della friggitrice ed avviare la cottura. Dunque cuocere il plum-cake per circa 15 minuti a 160 gradi. Rimuovere il plum-cake dall'apposito stampo solo dopo averlo fatto raffreddare, evitando, così, che possa frantumarsi o rompersi.

Biscotti con Gocce di Cioccolato

PER 20 BISCOTTI
INGREDIENTI:

- 250 gr di Farina 00
- 100 gr di Zucchero
- 80 gr di Burro
- 1 Uovo
- 50 gr Cioccolato in scaglie
- 1 bustina di Vanillina
- Un pizzico dii Sale
- Un pizzico di Bicarbonato

Preparazione:

1. Inserite le gocce di cioccolato in freezer almeno 1 ora prima di cominciare.
2. In una ciotolina, unite il burro a temperatura ambiente tagliato a pezzi con lo zucchero, e impastate; aggiungete l'uovo e un pizzico di sale.
3. Unite quindi la vanillina, un pizzico di bicarbonato e la farina in piccole parti, fino ad incorporarla del tutto, in modo da ottenere un composto perfettamente omogeneo e privo di grumi.
4. A questo punto, potete estrarre le gocce di cioccolato dal freezer, unirle all'impasto, in modo da renderle parte integrante del composto; avvolgetelo nella pellicola e lasciatelo riposare in frigo per circa un'ora.
5. Al termine, dividetelo in due "salamini" della stessa misura e prelevate 20-25 gr d'impasto (pesatene uno come riferimento), formate delle piccole sferette e appiattitele, per creare i classici biscotti con la forma a dischetto; poneteli su carta

da forno man mano che procedete e lasciateli riposare nuovamente in frigo per 30 minuti.

6. Inseriteli quindi in friggitrice ad aria preriscaldata a 170°C per 10 minuti, distanziandoli bene tra loro, controllando attentamente la cottura, che potrebbe variare leggermente a seconda delle dimensioni e del modello della vostra friggitrice ad aria.

Biscotti allo Yogurt

PER 20 BISCOTTI
INGREDIENTI:

- 250 gr di Farina 00
- Un vasetto di Yogurt magro
- 85 gr di Zucchero
- 5 gr di Lievito per dolci
- 45 ml d'Olio di semi di girasole
- 1 uovo
- 1 bustina di Vanillina
- Scorza di limone
- Zucchero a velo q.b.

Preparazione:

1. In una ciotolina versate la farina e il lievito in polvere; aggiungete quindi un uovo e lo zucchero.
2. Mescolate il tutto fino al cambio di consistenza, dopodiché aggiungete lo yogurt in due volte, continuando a mescolare.
3. Al termine, unite l'olio di semi e la vanillina, aggiungendo anche una grattugiata di scorza di limone (o d'arancia se preferite, potete provare entrambe le versioni).
4. È importante che la farina sia completamente assorbita in modo uniforme. Al termine, avrete ottenuto un composto compatto e privo di grumi. A questo punto lasciatelo riposare per circa 30 minuti.
5. Prelevatelo e dividetelo in due, formando due "salamini" di ugual misura. Ricavate circa 20gr d'impasto (pesatene uno come riferimento), e create la classica forma a dischetto, poggiandola

su carta da forno man mano che procedete
(spessore medio 1,5 cm).

6. Al termine, inserite in friggitrice ad aria
   preriscaldata a 170°C per 15-18 minuti,
   distanziando bene i vari elementi tra loro,
   controllando attentamente la cottura nelle fasi
   finali, che potrebbe variare leggermente a
   seconda delle dimensioni e del modello della
   vostra friggitrice ad aria.

7. Lasciate raffreddare e spolverate con zucchero a
   velo.

Muffin ai frutti di bosco

INGREDIENTI:

- 70 ml di latte intero
- 70 gr di burro fresco
- 140 gr di farina "00"
- 70 gr di zucchero
- 7 gr di lievito in polvere
- 80 gr di frutti di bosco
- 1 uovo
- sale q.b.

Procedimento:

1. Lasciare il burro a temperatura ambiente, al fine di farlo ammorbidire. Successivamente, riporlo in un contenitore, aggiungendovi lo zucchero. Mescolare i due ingredienti per qualche minuto, ottenendo una miscela cremosa.
2. Aggiungere al composto ottenuto in precedenza l'uovo, riprendendo a mescolare.
3. Una volta ottenuto un impasto omogeneo, aggiungere il latte a temperatura ambiente.
4. Servendosi di un setaccio, aggiungere all'impasto cremoso la farina, il lievito e il sale. Una volta terminata questa operazione, sarà necessario continuare a mescolare l'impasto, fino a quando non si otterrà una consistenza cremosa e priva di grumi.
5. Lavare con accuratezza i frutti di bosco ed aggiungerli all'impasto.
6. Accendere e preriscaldare la friggitrice ad aria fino a 180 gradi.

7. Suddividere l'impasto negli appositi pirottini.
8. Distribuire i pirottini ripieni nel cestello della friggitrice e, successivamente, avviare il processo di cottura.
9. Lasciare in cottura i muffin per 15 minuti, ovvero fino a quando non si mostreranno croccanti e ben dorati.

Cantucci

PER 15 CANTUCCI
INGREDIENTI:

- 130 gr di Farina
- 90 gr di Zucchero
- 15 gr di Burro
- 55 gr di Mandorle
- 1 Uovo
- 1 Tuorlo (per spennellare)
- Scorza d'arancia grattugiata
- 10 ml di Marsala
- Un pizzico di Sale

Preparazione:

1. In una ciotolina unite l'uovo con zucchero, un pizzico di sale e impastate delicatamente, unendo quindi anche il burro a temperatura ambiente.
2. Aggiungete quindi la farina a piccole dosi, finché non sarà stata incorporata del tutto senza formare grumi.
3. Tagliate le mandorle grossolanamente e aggiungetele al preparato, insieme al marsala e alla scorza d'arancia grattugiata.
4. Amalgamate bene tutti gli ingredienti fino ad ottenere un composto omogeneo.
5. A questo punto create un "filoncino" di circa 6 cm di larghezza e 3 di altezza, e spennellatelo con del tuorlo d'uovo.
6. 1° Cottura: Inseritelo in friggitrice ad aria calda preriscaldata a 180°C per 15 minuti; dovrà

risultare morbido in modo per essere pronto per una seconda cottura.

7. Estraetelo e tagliatelo a fettina, in sezioni trasversali di circa 1,5 cm; poggiate su carta da forno man mano che procedete.

8. 2° Cottura: Inserite i cantucci nuovamente in friggitrice ad aria calda, non serve distanziarli, in quanto già cotti, evitate solamente di sovrapporre i vari elementi tra loro, per garantire una tostatura finale omogenea. Lasciate a 160°C per 15-20 minuti e lasciate raffreddare prima di servire.

Cestini in Pasta Sfoglia

Per questa ricetta dovremmo usare dei pirottini per crostatine, l'intento che ci proponiamo è quello di andare ad adagiare la pasta sfoglia all'interno dei pirottini, farcirli, ed estrarli dopo la cottura, per ottenere dei fantastici cestini in pasta sfoglia!

PER 6 CESTINI

INGREDIENTI:

- 1 Rotolo di pasta sfoglia rettangolare
- 1 Uovo
- 250 gr di Ricotta
- 50 gr di Mascarpone
- 100 gr di Zucchero
- 1 cucchiaio di Scorza d'arancia grattugiata

Preparazione:

1. Srotolate la pasta sfoglia.
2. Per creare i nostri cestini dovremmo ritagliare la pasta a "misura di pirottino". Non preoccupatevi, il metodo è assolutamente semplice e immediato.
3. Poggiate i pirottini sopra la pasta sfoglia, ritagliate attorno a quest'ultimi dei quadrati di pasta sfoglia, lasciando 1 cm per lato da ogni bordo.
4. In questo modo avremo l'esatta misura per i nostri "cestini", che successivamente andranno poggiati all'interno dei pirottini.
5. Ora, in una ciotolina, unite la ricotta con zucchero, il mascarpone, aggiungete l'uovo e mescolate adeguatamente. Aggiungete della scorza d'arancia grattugiata; al termine dovreste aver ottenuto un composto cremoso.

6. Inserite quindi la pasta sfoglia all'interno dei pirottini, come se fosse un piccolo lenzuolo, lasciandolo poggiare su tutta la superficie del pirottino, non preoccupatevi se i bordi fuoriescono.
7. Premete delicatamente la base e i bordi con i polpastrelli e inserite due cucchiaini del ripieno appena completato.
8. Ritagliate gli angoli che fuoriescono
9. Inserite in friggitrice ad aria preriscaldata a 170°C per 15 minuti, controllando la cottura nella parte finale, che può variare leggermente a seconda della vostra friggitrice ad aria.

Amaretti al cocco

INGREDIENTI:

- 100 ml di latte condensato
- bianco d'uovo
- 180 gr di cocco tritato
- aroma di mandorla
- aroma di vaniglia
- un pizzico di sale.

Procedimento:

1. Mescolare energicamente in un contenitore il latte condensato, il bianco d'uovo, gli aromi di mandorla e vaniglia e il pizzico di sale, ottenendo un impasto cremoso ed omogeneo.
2. Aggiungere il cocco tritato (160 gr, non zuccherati) al composto ed amalgamarlo.
3. Una volta ottenuto un impasto omogeneo, formare delle piccole palline da 3-4 centimetri di diametro.
4. Riporre su un piatto i restanti 20 gr di cocco grattugiato e passarvi le palline di amaretto, fino a ricoprirle completamente.
5. Preriscaldare la friggitrice ad aria calda fino a 150 gradi.
6. Disporre gli amaretti al cocco nel cestello ed avviare la cottura, per circa 15 minuti.
7. Terminata la cottura, concedere 5-10 minuti di riposo alle palline, in maniera tale da poterle raffreddare. Successivamente sarà possibile servirle.

Muffin con scaglie di cioccolato

INGREDIENTI:
- 40 gr di zucchero
- 70 ml di olio di cocco
- aroma di vaniglia
- 120 gr di farina (per tutti gli usi)
- 125 di latte vegetale (cocco, soia o riso)
- 20 gr di cacao in polvere
- 5 gr di lievito in polvere
- un pizzico di bicarbonato di sodio
- sale q.b.
- 90 gr di scaglie di cioccolato fondente
- 30 gr di pistacchi.

Procedimento:
1. Amalgamare in un recipiente il latte vegetale, lo zucchero, l'olio di cocco, l'aroma di vaniglia, ottenendo un impasto morbido.
2. In un'altra ciotola mescolare la farina, il cacao, il lievito, il sale e il bicarbonato.
3. Mescolare gradualmente i due impasti ottenuti, fino a quando non si avrà un composto cremoso ed uniforme.
4. Aggiungere i pistacchi (meglio se ridotti a granella) e le scaglie di cioccolato fondente.
5. Preriscaldare la friggitrice fino a 150 gradi.
6. Ungere con un filo d'olio o con del burro i pirottini e riempirli con l'impasto ottenuto.
7. Ponendo particolare attenzione, bisogna posizionare i pirottini all'interno della friggitrice preriscaldata. Una volta terminata questa

operazione, avviare la cottura che richiede un tempo di circa 15 minuti.

8. Deporre i muffin dagli appositi pirottini e lasciarli raffreddare per 10-15 minuti, prima di servirli.

Torta al limone

INGREDIENTI:

- 130 gr di farina tipo "00'
- 5 gr di lievito in polvere
- 90 gr di burro
- 1 uovo
- 130 gr di zucchero semolato
- 20 gr di succo di limone
- un limone da cui grattugiare la scorza
- 60 gr di latticello

Procedimento:

1. Mescolare, all'interno di una ciotola, la farina, il lievito e il sale (preventivamente setacciati).
2. Lasciare per qualche minuto il burro a temperatura ambiente, al fine di farlo ammorbidire.
3. Con l'aiuto di uno sbattitore elettrico, montare il burro per circa 3 minuti, fino a quando non diventa soffice e leggero.
4. Unire il burro montato all'impasto ottenuto in precedenza e, per un minuto circa, mescolarli energicamente.
5. Aggiungere alla miscela l'uovo, la scorza del limone ed il suo succo. Riprendere, quindi, ad amalgamare gli ingredienti.
6. Versare il latte a filo ed incorporarlo uniformemente.
7. Preriscaldare la friggitrice a 160 gradi. Riporre all'interno dell'elettrodomestico preriscaldato la pagnotta ottenuta con la lavorazione.
8. Avviare la friggitrice e lasciare in cottura per circa 30 minuti.
9. Prima di servire la torta al limone è consigliabile farla raffreddare per 15- 20 minuti

Cestini Mela e Uvetta Candita

PER 6 CESTINI
INGREDIENTI:

- 1 Rotolo di pasta sfoglia rettangolare
- 2 Uova
- 200 ml di Panna da cucina
- 40 gr di Zucchero
- 1 Mela (tagliata a dadini)
- 60 gr di Uvetta candita
- Cacao amaro q.b.

Preparazione

1. Lavate una mela e tagliatela a cubetti di circa 1cm.
2. In una ciotolina versate le uova, lo zucchero, la panna da cucina, l'uvetta candita e mescolate, in modo da amalgamare bene tutti gli elementi.
3. Seguendo la ricetta precedente, farcite i cestini con i pezzetti di mela, e successivamente aggiungete 1-2 cucchiai del preparato.
4. Spolverate con della cannella ogni cestino e inserite in friggitrice ad aria preriscaldata a 170° per 17-20 minuti, controllando attentamente la cottura, soprattutto nelle ultime fasi.
5. Al termine spolverate con del cacao amaro.

Saccottini in Pasta Sfoglia alla Marmellata

PER 8 SACCOTTINI
INGREDIENTI:

- 1 Rotolo di pasta sfoglia rettangolare
- Marmellata di pesca
- 1 Pesca
- Zucchero a velo

Procedimento:

1. Srotolate la pasta sfoglia e ritagliate 8 rettangoli di ugual misura, con una rotella taglia pizza (oppure 6 se li desiderate più grandi).
2. Pulite accuratamente la pesca e tagliatela a fettine sottili. La frutta che andrete ad utilizzare dovrà essere estremamente morbida e deformabile al tatto, se questa dovesse risultare più acerba, tagliatela più sottile per agevolare la cottura.
3. Alla base di ogni rettangolo, aggiungete un cucchiaio di marmellata e aggiungete 1-2 fettine di pesca, tagliate sottili. Ripetete l'operazione per tutti e 8 i rettangolini (come schematizzato nell'immagine sottostante).
4. A questo punto chiudeteli a metà, e sigillate gentilmente i bordi con i rebbi di una forchetta.
5. Avrete ottenuto 8 fagottini ripieni!
6. Inseriteli nella friggitrice ad aria preriscaldata a 170°C per 8-10 minuti, ben distanziati tra loro, controllando attentamente le ultime fasi della cottura, che può variare a seconda delle dimensioni scelte e della vostra friggitrice ad aria.
7. Spolverate con dello zucchero a velo.

Palline Al Cocco

PER 4 PERSONE
TEMPO: 45 MINUTI
INGREDIENTI:

- 100 gr farina 00
- 40 gr cocco in polvere
- 1 uovo
- ½ bustina lievito per dolci
- 60 ml latte
- 30 gr zucchero di canna
- olio di semi
- zucchero a velo

Procedimento:

1. In una ciotola sbattete l'uovo con lo zucchero. Aggiungete il latte a filo, la farina, ½ bustina di lievito e il cocco in polvere. Continuate a mescolare. Dovrete ottenere una pastella densa, quindi correggete con il latte o la farina in base al grado di solidità del vostro composto.
2. Coprite la ciotola con una pellicola e fate riposare per almeno mezz'ora. Rivestite il cestello della friggitrice ad aria con un foglio di carta forno e adagiatevi delle cucchiaiate di pastella.
3. Fate cuocere a 180° per 6 minuti, avendo cura di rigirare le palline e controllarne sempre lo stato di cottura. Quando saranno pronte, spolverizzatele con altro cocco in polvere e zucchero a velo.

Arance Fritte

PER 2 PERSONE
TEMPO: 15 MINUTI
INGREDIENTI:

- 2 arance
- 35 gr farina 00
- 500 ml birra chiara
- 1 cucchiaio olio d'oliva
- 1 albume

Procedimento:

1. In una ciotola preparate la pastella nella quale dovrete intingere le arance: unite alla farina la birra, l'olio e un albume. Mescolate molto bene. Lavate le arance e tagliatele a fette rotonde e sottili.
2. Immergetele nella pastella e adagiate nel cestello della friggitrice ad aria, foderato di carta forno. Fate cuocere a 200° per 5 minuti e servite.
3. Questo è sicuramente un modo insolito ma molto gustoso per presentare le arance, soprattutto se a fine pasto.

Muffin ai Lamponi

PER 6 MUFFIN
INGREDIENTI:

- 160 gr di Farina 00
- 70 gr di Zucchero
- 60 gr di Burro
- 1 uovo
- 70 ml di Latte
- gr di Lievito in polvere
- 70 gr di Lamponi
- 1 bustina di Vanillina
- Un pizzico di Bicarbonato
- Un pizzico di Sale

Preparazione:

1. Scaldate il burro a bagnomaria per qualche minuto fino a renderlo liquido. Una volta raffreddato, ponetelo in una ciotola unendo lo zucchero.
2. Aggiungete quindi un pizzico di sale, la vanillina, il lievito, l'uovo, il latte e la farina, poco per volta, senza creare grumi, mescolate accuratamente ad ogni passaggio, fino ad ottenere un composto perfettamente amalgamato.
3. Il composto finale dovrà risultare morbido e privo di grumi, dalla consistenza cremosa. Una volta ottenuto, potete aggiungere i lamponi, tagliati grossolanamente.
4. Versate l'impasto all'interno dei pirottini in modo da raggiungere il limite inferiore del bordo, per formare in cottura la classica "cupola".

5. Lasciate qualche lampone da parte per guarnire la parte superiore dei muffin; se volete, potete aggiungere delle mandorle tritate a coltello, per dare un tocco di croccantezza finale.
6. Inserite i pirottini in friggitrice ad aria preriscaldata a 170°C per 15-18 minuti, controllando la cottura nell'ultima fase con lo stecchino, come spiegato all'inizio di questa sezione.

Muffin al Miele

PER 6 MUFFIN
INGREDIENTI:

- 130gr di Farina 00
- 50 gr di Zucchero
- 30 gr di Burro
- 125 ml di Latte
- 1 uovo
- gr di Lievito in polvere
- 80 gr di Miele a scelta
- Un pizzico di Sale

Preparazione:

1. Scaldate il burro a bagnomaria per qualche minuto fino a renderlo liquido. Una volta raffreddato, ponetelo in una ciotola unendo lo zucchero.
2. Aggiungete un pizzico di sale, il latte, l'uovo e la farina, poco per volta, senza creare grumi, mescolate accuratamente ad ogni passaggio, fino ad ottenere un composto perfettamente amalgamato.
3. Aggiungete infine il miele, il lievito in polvere e amalgamate il tutto. L'impasto finale dovrà risultare morbido e privo di grumi, dalla consistenza cremosa.
4. Versate l'impasto all'interno dei pirottini in modo da raggiungere il limite inferiore del bordo, per formare in cottura la classica "cupola".
5. Inserite i pirottini in friggitrice ad aria, preriscaldata a 170°C per 15-18 minuti, controllando la cottura nell'ultima fase con lo

stecchino, come spiegato all'inizio di questa sezione.

6. Al termine, spolverate con dello zucchero al velo sulla superficie.

Muffin Ricotta e Pere

PER 6 MUFFIN
INGREDIENTI:

- 130 gr di Farina 00
- 30 gr di Burro
- 60 gr di Zucchero
- 60 gr di Ricotta
- 40 ml di Latte
- 1 uovo
- 5 gr di Lievito in polvere
- 1 Pera
- 1 cucchiaino di Cannella
- Un pizzico di Sale

Preparazione:

1. Scaldate il burro a bagnomaria per qualche minuto fino renderlo liquido. Una volta raffreddato, ponetelo in una ciotola unendo lo zucchero.
2. Aggiungete la ricotta, il latte, un pizzico di sale, la cannella e mescolate.
3. A questo punto aggiungete l'uovo, il lievito e la farina, poco per volta, senza creare grumi, mescolate accuratamente ad ogni passaggio, fino ad ottenere un composto perfettamente amalgamato.
4. Sbucciate la pera e tagliatela a cubetti di circa 1 cm, unendola all'impasto preparato; se questo dovesse risultare troppo asciutto aggiungete del latte in piccole dosi, finché non raggiunge una consistenza leggermente più cremosa.

5. Versate l'impasto all'interno dei pirottini aiutandovi con un cucchiaino, in modo da raggiungere il limite inferiore del bordo, per formare in cottura la classica "cupola".
6. Inserite i pirottini nella friggitrice ad aria preriscaldata a 170°C per 15-18 minuti, controllando la cottura nell'ultima fase con lo stecchino, come spiegato all'inizio di questa sezione.
7. Al termine, spolverate con dello zucchero al velo sulla superficie

Muffin Fichi e Mandorle

PER 6 MUFFIN
INGREDIENTI:
- 120 gr di Farina 00
- 120 gr di Maizena
- 25 gr di Fecola
- 50 gr di Zucchero
- 1 Uovo
- 50 gr di Latte di mandorla
- 5 gr di Lievito per dolci
- 1 bustina di Vanillina
- 30 gr d'Olio semi di girasole
- 5 fichi
- 12 mandorle
- Un pizzico di Sale

Preparazione:

1. In questa preparazione non utilizzeremo il burro ma l'olio di semi di girasole, un olio leggero che donerà delicatezza al sapore di questo dolce.
2. Per prima cosa, sbucciate i fichi delicatamente, puliteli accuratamente e tagliateli in piccole porzioni di circa 2 cm, mettendoli da parte per il successivo utilizzo. Tritate le mandorle grossolanamente a coltello.
3. In una ciotolina unite la farina, la fecola, la maizena, un uovo e mescolate fino ad ottenere un impasto omogeneo; aggiungete il latte di mandorla, un pizzico di sale e l'olio di semi di girasole.
4. A questo punto aggiungete il lievito, lo zucchero e la vanillina, mescolando adeguatamente fino ad ottenere un composto omogeneo.
5. Recuperate le mandorle, i fichi e uniteli al composto; se questo dovesse risultare troppo asciutto aggiungete del latte di mandorla in piccole dosi, finché non raggiunge una consistenza leggermente più cremosa.
6. Versate l'impasto all'interno dei pirottini aiutandovi con un cucchiaino, in modo da raggiungere il limite inferiore del bordo, per formare in cottura la classica "cupola".
7. Inserite i pirottini nella friggitrice ad aria preriscaldata a 170°C per 15-18 minuti, controllando la cottura nell'ultima fase con lo stecchino, come spiegato all'inizio di questa sezione.

Muffin al Caffè

PER 6 MUFFIN
INGREDIENTI:
- 150 gr di Farina
- 70 gr di Zucchero
- 70 gr di Burro
- 30 ml di Latte
- 1 Uovo
- 5 gr di Lievito per dolci
- 30 ml di Caffè amaro
- Zucchero a velo
- Un pizzico di Sale

Preparazione:
1. Scaldate il burro a bagnomaria per qualche minuto fino renderlo liquido. Una volta raffreddato, ponetelo in una ciotola unendo lo zucchero.
2. Aggiungete il latte, un pizzico di sale, il caffè amaro e mescolate. Aggiungete l'uovo, il lievito e la farina, poco per volta, in modo che non si formino grumi, mescolando costantemente fino ad ottenere un composto omogeneo.
3. Versate il composto all'interno dei pirottini aiutandovi con un cucchiaino, in modo da raggiungere il limite inferiore del bordo, per formare in cottura la classica "cupola".
4. Inserite i pirottini nella friggitrice ad aria preriscaldata a 170°C per 15-18 minuti, controllando la cottura nell'ultima fase con lo stecchino, come spiegato all'inizio di questa sezione.

5. Al termine, spolverate con dello zucchero al velo sulla superficie.

Muffin Banana e Noci

PER 6 MUFFIN
INGREDIENTI:

- 150 gr di Farina
- 60 gr di Burro
- 80 gr di Zucchero
- 80 ml di Latte
- 1 Uovo
- 5 gr di Lievito per dolci
- Noci
- 1 Banana (medie dimensioni)
- Un pizzico di Sale

Preparazione:

1. Per prima cosa occorre tagliare una banana in piccoli pezzi, e successivamente, schiacciarli progressivamente con una forchetta come a creare una purea.
2. Scaldate il burro a bagnomaria per qualche minuto fino renderlo liquido. Una volta raffreddato, ponetelo in una ciotola unendo lo zucchero, il latte, un pizzico di sale e mescolate.
3. A questo punto aggiungete l'uovo, il lievito e gradualmente la farina, in modo che non si formino grumi, mescolando adeguatamente fino ad ottenere un composto omogeneo, cremoso, privo di grumi.

4. Aggiungete la banana schiacciata precedentemente e amalgamate il tutto. Ora non resta che aggiungere la granella di noci, sbriciolandola grossolanamente a mano, non serve che sia eccessivamente piccola.
5. Inserite l'impasto nei pirottini, questa volta aiutandovi con un cucchiaino in quanto più denso rispetto alle altre preparazioni (raggiungendo sempre i 2/3 del pirottino).
6. Inserite i pirottini nella friggitrice ad aria preriscaldata a 170°C per 15-18 minuti, controllando la cottura nell'ultima fase con lo stecchino, come spiegato all'inizio di questa sezione.

Muffin Mela e Cannella

PER 6 MUFFIN
INGREDIENTI:
- 120 gr di Farina
- 80 gr di Zucchero
- 80 ml di Latte
- 50 gr di Burro
- 1 Uovo
- gr di Lievito per dolci
- 1 bustina di Vanillina
- 1 cucchiaino di Cannella
- 2 mele
- Un pizzico di Sale

Preparazione:
1. Per prima cosa tagliate le mele a dadini di circa 1 cm, aggiungete qualche goccia di limone e

mescolate in una ciotolina per evitarne l'ossidazione.

2. Scaldate il burro a bagnomaria per qualche minuto fino renderlo liquido. Una volta raffreddato, ponetelo in una ciotola unendo lo zucchero; aggiungete quindi l'uovo e il latte continuando a mescolare con fino ad ottenere un composto omogeneo.

3. A questo punto, unite la farina, poco per volta, la cannella, il lievito e la vanillina, mescolate energicamente, aggiungendo un pizzico di sale.

4. Il composto finale dovrà essere morbido e privo di grumi, dalla consistenza cremosa. Una volta ottenuto, potete aggiungere le mele, precedentemente tagliate a piccoli cubetti.

5. Versate l'impasto all'interno dei pirottini in modo da raggiungere il limite inferiore del bordo, per formare in cottura la classica "cupola". Se volete, potete aggiungere delle mandorle tritate per dare un tocco di croccantezza finale.

6. Inserite i pirottini nella friggitrice ad aria preriscaldata a 170°C per 15-18 minuti, controllando la cottura nell'ultima fase con lo stecchino, come spiegato all'inizio di questa sezione.

7. Al termine aggiungete dello zucchero a velo sulla superficie.

Muffin al Limone

PER 6 MUFFIN
INGREDIENTI:

- 70 gr di Farina
- 60 gr di Zucchero
- 40 gr di Burro
- 60 gr di Yogurt al limone
- 1 uovo
- 30 gr di Olio di semi di girasole
- gr di Lievito per dolci
- Scorza di mezzo limone
- Succo di mezzo limone
- Un pizzico di Sale

Preparazione:

1. Scaldate il burro a bagnomaria per qualche minuto fino renderlo liquido. Una volta raffreddato, ponetelo in una ciotola unendo lo zucchero.

2. Aggiungete quindi la farina, il lievito, l'uovo, lo yogurt e mescolate energicamente, in modo da evitare la formazione di grumi, continuando a mescolare fino a che il composto con sia perfettamente amalgamato. Unite quindi la scorza e il succo di limone.

3. Una volta ottenuto, versatelo nei pirottini fino al limite inferiore del bordo, in modo che, in cottura, questi possano formare la classica cupola.

4. Inserite i pirottini nella friggitrice ad aria preriscaldata a 170°C per 15-18 minuti, controllando la cottura nell'ultima fase con lo stecchino, come spiegato all'inizio di questa sezione.

Muffin alla Nutella

PER 6 MUFFIN
INGREDIENTI:

- 140 gr di Farina
- 50 gr di Zucchero
- 50 gr di Burro
- 70 gr di Latte
- 1 uovo
- 5 gr di Lievito per dolci
- 1 bustina di Vanillina
- Nutella (6 palline)
- Cocco disidratato o zucchero a velo q.b.
- Un pizzico di Sale

Preparazione:

1. Ricavate 6 palline abbondanti di nutella con un cucchiaino e ponetele su carta da forno, ben separate tra loro; dopodiché lasciatele in freezer per 60 minuti in modo che possano indurirsi per un successivo utilizzo.

2. Scaldate il burro a bagnomaria per qualche minuto fino renderlo liquido. Una volta raffreddato, ponetelo in una ciotola unendo lo zucchero. Aggiungete quindi il latte e un pizzico di sale, mescolando uniformemente.

3. Unite l'uovo, il lievito, la vanillina e la farina, lentamente in piccole dosi, in modo da non creare grumi.

4. Al termine, dovreste aver ottenuto un composto omogeneo, dalla consistenza cremosa.

5. Versate il preparato all'interno dei pirottini fino a metà, a questo punto recuperate le palline di

nutella e inseritele al centro di ogni pirottino; aggiungete nuovamente il composto fino ad arrivare al limite inferiore del bordo, in modo che, in cottura, questi possano formare la classica cupola

6. Inserite i pirottini nella friggitrice ad aria preriscaldata a 170°C per 15-18 minuti, controllando la cottura nell'ultima fase con lo stecchino, come spiegato all'inizio di questa sezione.

7. Al termine della cottura, aggiungete delle scaglie di cocco o zucchero a velo

Muffin alla Marmellata

In questo caso la ricetta è esattamente come quella precedente, l'unica differenza è la sostituzione della nutella con delle deliziose marmellate!!

1. Versate il composto a metà del pirottino e aggiungete un cucchiaino abbondante di marmellata, potete utilizzare quella di pesche, ciliegie, fichi, albicocche, fragole, quella che preferite per ottenere un cuore di assoluta dolcezza all'interno dei vostri muffin!

2. Successivamente, aggiungete nuovamente il composto fino ad arrivare al limite inferiore del bordo, in modo che, in cottura, questi possano formare la classica cupola.

3. Inserite i pirottini in friggitrice ad aria preriscaldata a 170°C per 15-18 minuti, controllando la cottura

nell'ultima fase con lo stecchino, come spiegato all'inizio di questa sezione.

4. Spolverate con dello zucchero a velo una volta ultimata la cottura!

Muffin al Cioccolato

PER 6 MUFFIN
INGREDIENTI:
- 150 gr di Farina
- 70 gr di Burro
- 90 gr di Zucchero
- 80 ml di Latte
- 1 uovo
- 5 gr di Lievito polvere
- 30 gr di Cacao amaro
- 40 gr di Cioccolato fondente
- Un pizzico di Sale

Preparazione:
1. Scaldate il burro a bagnomaria per qualche minuto fino renderlo liquido. Una volta raffreddato, ponetelo in una ciotola unendo lo zucchero e mescolate delicatamente fino ad ottenere un composto perfettamente amalgamato.
2. Aggiungete quindi l'uovo e il latte continuando a mescolare.
3. A questo punto aggiungete il lievito e gradualmente la farina, mescolando adeguatamente fino ad ottenere un composto omogeneo, cremoso, privo di grumi.

4. Aggiungete il cacao amaro e il cioccolato fondente, precedentemente tritato a coltello.
5. Al termine, dovreste aver ottenuto un composto cremoso; versatelo nei pirottini fino a raggiungere il limite inferiore del bordo, in modo che, in cottura, questi possano formare la classica cupola.
6. Inserite i pirottini nella friggitrice ad aria preriscaldata a 170°C per 15-18 minuti, controllando la cottura nell'ultima fase con lo stecchino, come spiegato all'inizio di questa sezione.

Ciambelle Zuccherate

PER 4 PERSONE (8 CIAMBELLE)
TEMPO: 15 MINUTI (PIÙ 2 ORE DI
LIEVITAZIONE)
INGREDIENTI:

- 160 gr farina 00
- 30 ml latte
- 30 ml acqua
- 30 gr zucchero
- 15 gr olio di semi
- 1 uovo
- ½ limone
- ½ cucchiaino vanillina
- 5 gr lievito di birra fresco
- codette di zucchero colorate

Procedimento:

1. In una ciotola abbastanza capiente versate la farina a fontana. Create una conca nella farina e aggiungete il lievito, 30 gr di acqua tiepida e il latte.
2. Mescolate bene con un cucchiaio. Aggiungete poi la vanillina, lo zucchero e un uovo. Amalgamate ancora.
3. Coprite la ciotola con una pellicola e lasciate lievitare l'impasto per almeno un paio d'ore fino a quando, cioè, non avrà raddoppiato il suo volume.
4. Infarinate un piano di lavoro e con l'aiuto di un matterello stendete l'impasto fino a ottenere una sfoglia dello spessore di 1 cm.
5. Con un coppa pasta ritagliate dei cerchi del diametro di 8 cm e all'interno di ogni cerchio

ritagliatene uno più piccolo con il tappo di una bottiglia. Avrete così ricavato la classica forma della ciambella.

6. Rivestite il cestello della friggitrice ad aria con un foglio di carta forno e adagiatevi sopra le ciambelle, ponendole a una certa distanza le une dalle altre.

7. Spennellatele con un filo d'olio di semi e ricopritele di codette di zucchero, pressando appena affinché queste aderiscano alla pasta.

8. Fate cuocere a 180° per 7 minuti, controllando lo stato di cottura di tanto in tanto.

Tortini Al Cioccolato Fondente

PER 4 PERSONE
TEMPO: 14 MINUTI
INGREDIENTI:

- 150 gr cioccolato fondente
- 80 gr burro
- 20 gr farina 00
- uova
- 80 gr zucchero di canna
- cacao amaro in polvere
- olio di semi
- zucchero a velo

Procedimento:

1. Iniziate facendo sciogliere il cioccolato fondente a bagnomaria. Spezzate in modo grossolano il cioccolato e mettetelo all'interno di un piccolo pentolino.
2. Prendete un secondo pentolino (o una padella) un po' più grande del primo, riempitelo con un dito d'acqua e mettetelo sul gas a scaldare a fiamma bassa. Immergete il pentolino col cacao nell'acqua. Quando il cioccolato si sarà sciolto, aggiungete il burro a tocchetti.
3. Mescolate per amalgamare bene i due ingredienti. Spegnete il fuoco e tenete da parte il pentolino col cioccolato fuso.
4. In un recipiente sbattete insieme due uova intere (più un tuorlo) e lo zucchero di canna. Aggiungete la farina e il cacao in polvere, continuando a mescolare con energia per evitare la formazione di grumi.

5. Prendete degli stampini in alluminio (vanno benissimo quelli da muffins) e ungeteli appena con una leggera pennellata di olio di semi. Versatevi all'interno il composto, riempiendoli per 2/3.
6. Inserite i tortini nel cestello della friggitrice ad aria e fate scaldare a 180° per 7 minuti. Fate attenzione e regolatevi a seconda delle caratteristiche della vostra airfryer per non rischiare di cuocerli troppo: al giusto grado di cottura potrete ottenere tortini ben cotti fuori ma con un cuore più morbido al loro interno.
7. Sfilateli dagli stampi e serviteli ancora tiepidi, ricoperti da una cascata di zucchero a velo.

Ciambelline allo Zucchero

PER 6 CIAMBELLINE
INGREDIENTI:

- 200 gr di Farina 00
- 35 gr di Fecola patate
- 5 gr di Lievito di birra
- 50 gr d'Olio semi girasole
- 125 gr di Latte
- 1 Uovo
- ½ Bustina di vanillina
- 40 gr di Zucchero (40gr)
- ¼ scorza arancia
- Un pizzico di Sale (un pizzico)

Preparazione:

1. In una ciotola versate il latte (tiepido), il lievito e aggiungete lo zucchero, mescolando dolcemente fino a che non si sarà sciolto del tutto.
2. Aggiungete quindi metà della farina, la fecola, spolverando con un setaccio in modo da non formare grumi, mescolando continuamente.
3. In una seconda ciotolina, sbattete l'uovo e aggiungetelo al composto principale, insieme alla scorza d'arancia grattugiata e la vanillina.
4. A questo punto, aggiungete olio di semi di girasole, un pizzico di sale e la farina rimasta, continuando a mescolare fino ad ottenere un impasto omogeneo, privo di grumi.
5. Al termine, poggiatelo in una ciotola e copritelo con pellicola trasparente, lasciandolo lievitare per almeno 2 ore.

6. A questo punto, dopo la lievitazione, stendetelo a mattarello fino ad ottenere uno spessore di circa 1- 1,5 cm.
7. Ricavate delle ciambelline tramite uno stampino, un coppa pasta di circa 6-7 cm e un altro più piccolo di circa la metà; recuperate le parti in eccesso e lavoratele nuovamente.
8. Lasciatele lievitare su carta da forno, ponendo nuovamente la pellicola e mettendole in forno a 30°C, fino a che non avranno acquisito il doppio dello spessore iniziale (per 30-60 minuti).
9. Al termine, nebulizzate con olio di semi di arachidi, basta un singolo spruzzo, potete cospargere delicatamente col polpastrello ogni ciambellina.
10. A questo punto, inserite in friggitrice ad aria preriscaldata a 170°C per 7-8 minuti e rigirate a metà cottura, i minuti possono variare a seconda del modello e delle dimensioni, per cui, controllate bene ogni singolo passaggio.
11. Potete guarnire con zucchero a velo o zucchero normale una volta pronte!

Ciambelline con Glassa al Cioccolato

Ecco una piccola variante per rendere ancora più golose le vostre ciambelline!
1. Scaldate (a bagnomaria) del cioccolato a vostra scelta (100g), aggiungete del burro (30g), e lasciate sciogliere fino a che diventi liquido, mescolate in modo da ottenere una glassa omogenea.

2. A questo punto, immergete la metà superiore delle ciambelline, e lasciate ad asciugare su carta da forno (dal lato non glassato).
3. Potete utilizzare cioccolato bianco, fondente, alla nocciola, quello che preferite, sperimentate questa fantastica preparazione ogni volta differente!

Ciambelle Glassate Colorate

Questa variante farà letteralmente innamorare i vostri bambini! Potete crearle secondo la vostra fantasia, con i colori che preferite!!!

Per la glassa:

- 200 gr di Zucchero a velo
- 30 gr di Burro
- ½ bicchiere d'acqua calda
- Colorante alimentare (quello che preferite per dare colore alla glassa)

N.B. La glassa va applicata a cottura ultimata, immergendo la ciambellina esattamente come indicato precedentemente con la variante al cioccolato.

Preparazione:

1. In una ciotola scaldate lentamente il burro a bagnomaria; a questo punto potete versare lo zucchero a velo e gradualmente l'acqua calda, mescolando delicatamente in modo da ottenere una glassa omogenea, della giusta densità, esattamente quella del cioccolato fuso.
2. Aggiungete acqua se troppo densa o zucchero a velo se troppo liquida, giocando tra gli equilibri di queste due componenti.
3. Aggiungete il colorante alimentare scelto, per donare il caratteristico colore delle ciambelle americane.
4. Non resta che intingere la faccia superiore delle ciambelline nella glassa, poggiare su carta da forno e attendere che queste asciughino.

5. Potete aggiungere anche degli zuccherini colorati, delle praline, seguendo la vostra fantasia e la vostra creatività.
6. Come tocco finale potete immergere un cucchiaino nella glassa e lasciarla cadere a filo sulle ciambelline!

Bomboloni alla Crema

Morbidi, soffici e golosi non possono mancare i bomboloni alla crema per la nostra colazione!

PER 6 BOMBOLONI

INGREDIENTI:

- 250 gr di Farina 00
- 1 Uovo
- 100 ml di Latte tiepido
- 5 gr di Lievito di birra
- 30 gr di Zucchero
- 40 gr d'Olio semi di girasole
- Buccia grattugiata mezza arancia
- ½ busta vanillina
- Un pizzico di Sale

Preparazione:

1. In una ciotolina versate il latte (dev'essere tiepido, non caldo), il lievito e mescolate fino a che questo non si sciolga completamente.
2. A questo punto aggiungete lo zucchero e l'olio di semi di girasole.
3. Grattugiate la scorza d'arancia solo superficialmente, in modo da non coinvolgere la parte bianca sottostante (che risulterebbe amara) ed un pizzico di sale.
4. Aggiungete anche la farina, poco alla volta, in modo che non si formino grumi, mescolando in modo costante fino ad ottenere un impasto compatto e omogeneo sia per colore che per consistenza, senza grumi; la consistenza finale dovrà essere morbida, elastica.

5. Al termine, ponetelo in una ciotola e copritelo con pellicola trasparente, lasciando lievitare per almeno 2 ore.
6. Completata la lievitazione, stendete l'impasto a mattarello, con un po' di farina, fino ad arrivare allo spessore di 1.5 cm
7. A questo punto usate un coppa pasta di 6-7cm (o un bicchiere) per formare dei dischetti e lasciateli lievitare in una teglia, poggiandoli su carta da forno (con un pizzico di farina sottostante). Coprite il tutto con della pellicola trasparente per circa 45 minuti.
8. Al termine, noterete che le dimensioni sono aumentate, non resta che inserite nella friggitrice ad aria preriscaldata a 170°C per 7-8 minuti, girandoli una volta.

Pere Al Forno

PER 2 PERSONE
TEMPO: 15 MINUTI
INGREDIENTI:

- pere
- 50 gr cioccolato fondente
- 50 gr amaretti
- 20 gr uvetta
- 1 cucchiaino cacao amaro in polvere
- 30 gr zucchero di canna
- 20 ml olio d'oliva
- cannella

Procedimento:

1. Con l'aiuto di un coltello, tritate in modo grossolano il cioccolato fondente. Con un mortaio o qualcosa di pesante, invece, sbriciolate gli amaretti. Unite i due ingredienti in una ciotola.
2. Aggiungete lo zucchero di canna, il cacao in polvere e un pizzico di cannella.
3. Terminate con l'olio d'oliva e amalgamate bene il tutto.
4. Lavate le pere, tagliatele a meta e pulitele internamente dal torsolo. Scavatele appena per creare spazio da dedicare alla farcitura. Riempite ogni metà di pera con la farcia e adagiatele nel cestello della friggitrice ad aria.
5. Fate cuocere a 180° per 5 minuti.
6. Servite le pere ancora calde.
7. Questa ricetta è un esempio di come la frutta, a fine pasto, può essere consumata in altri modi oltre a quelli tradizionali.

Cornetti al Cioccolato Fondente e Cioccolato Bianco

PER 8 CORNETTI

INGREDIENTI:

- 1 Rotolo di pasta sfoglia circolare
- 30 gr di Cioccolato bianco
- 40 gr di Cioccolato fondente
- Nocciole

Preparazione:

1. Per questa variante basterà semplicemente sminuzzare e sciogliere della cioccolata fondente a vostra scelta, in un pentolino, a bagnomaria.
2. Una volta pronta, lasciatela raffreddare e con un cucchiaino aggiungete la cioccolata esattamente come spiegato precedentemente con la nutella.
3. Aggiungete della granella di nocciola, dopo averla tritata finemente a coltello direttamente sulla cioccolata e chiudete i vostri cornetti.
4. Al termine della cottura, utilizzate la cioccolata bianca come guarnizione esterna, sciogliendola in un pentolino a bagnomaria e intingendo le due estremità di ogni cornetto, per ottenere una fantastica glassatura al cioccolato!
5. Con un cucchiaino inoltre, lasciatela cadere a filo sulla superficie esterna!

CPSIA information can be obtained
at www.ICGtesting.com
Printed in the USA
BVHW091036200521
607796BV00003B/269

9 781802 920154